思想觀念的帶動者
文化現象的觀察者
本土經驗的整理者
生命故事的關懷者

{ PsychoAlchemy }

啟程,踏上屬於自己的英雄之旅
外在風景的迷離,內在視野的印記
回眸之間,哲學與心理學迎面碰撞
一次自我與心靈的深層交鋒

{全新增訂版}

佛教與心理治療藝術

Buddhism and
the Art of Psychotherapy

河合隼雄
Hayao Kawai

鄭福明、王求是、林暉鈞——譯

四方佳評

　　本書作者河合隼雄將榮格心理治療與佛教文化兼容並蓄，融會貫通於此書。對榮格自性化，書中以《十牛圖》與《哲學家玫瑰園》對照論述，相當精采，值得一讀再讀。

——李佩怡

臺北護理健康大學生死與健康心理諮商系教授

　　回首本來舊地風光，浪子未曾離家一步。跟大多數嬰兒潮出生的臺灣人相似，我們都是受到西方文化教育而成長。等到年過五十，進入二十一世紀，網路、科技充斥周遭，我們讀河合隼雄談《大乘起信論》，就好像是我們找《中庸》、找《易經》來滋養自己，其實，是回來自己文化的根源之處。

——黃素菲

輔仁大學心理學研究所兼任教，

陽明大學人文與社會教育中心退休教授

　　透過榮格的方法沉入自身文化，並在根源層次進行東西鏡

映的比較，河合隼雄展示了一條本土心理學的路徑。

——李維倫

政治大學哲學系專任教授、文學院副院長

身處東西文化交匯之地的我們，對河合先生以東方智慧點亮西方治療，更能感同身受。在自性與空性中，我們看見的不僅是療癒，更是對生命獨特體悟的共鳴。

——黃天豪

臨床心理師，華人艾瑞克森催眠治療學會理事長

禪宗和煉金術間，來來回回。破碎的情緒、記憶和意念，來回集結成「部分內在客體」。逐漸「身心安頓」，有意義的「客體關聯」於是產生。

——蔡榮裕

臺灣分析治療學會理事長，

臺灣心理治療個案管理學會理事長

一本讓人想一直看，又捨不得看完的書。因為流暢、親切、直面；同時深刻、豐厚、複雜。初時呈顯《華嚴經》的「雜花莊嚴」，終了映見弘一的「花枝春滿，天心月圓」。

——劉慧卿

精神科醫師，宏慈療養院院長

| 推薦序 |

西方心理學之外的另一種視野

鐘穎（愛智者）

諮商心理師，愛智者書窩創辦人

　　榮格曾經說，相較於大學會為年輕人準備出社會的知識，但卻沒有一個更高等的學校，能為中老年人提供進入人生下半場的知識。這個知識，曾經是由宗教來負責的，但社會對宗教的信任感於今已不復存。

　　這件事也很好地說明了河合隼雄分析師在這本書的自我揭露：他並不信任佛教，直到中年之後才開始改觀。隨著他在日本進行心理治療的時間增加，他才發現自己有必要去區別日本人與西方人的自我，進而發現了一直以來在日本人的心靈中運作的佛教文化。

我們想給的，不見得是對方想要的

　　因此本書的第一個重點在於，河合隼雄大方坦承了他在從事心理治療時所面臨的拉扯，關於治癒、自殺、母子關係以及

語言的使用等等。

原來他想給的,經常不是病人想要的。而他所以為的,則不是病人適合的。他在心理治療路上的自我反省,其實是在告訴我們:面對個案,我們應當放下自己既定的理論取向。只是這個拉扯是以心理治療和佛教思想的衝突來展現。

對身為治療師／心理師的讀者來說,他想說的是,治療工作不可削足適履,因為這既傷害了個案,又讓自己疲憊不堪。而對其他的讀者而言,他想提醒的是,沒有任何人會活成我們以為的模樣,這也包括我們自己。

這種前半生的假設逐漸失效的過程,也普遍發生在中年人身上,但多數人以為自己的問題是出在擁有得不夠多,而不是對內心的關注太少。這樣的錯誤其實正是榮格認為中老年人也需要一門知識或宗教信仰,來教導自己面對未知的另一面的原因。

臺灣人的心呢?

本書的第二個重點,在於揭示了不同文化的心靈在「自我」與「意識」上都有不同的觀點。

日本人的心靈且先不論,留給讀者慢慢品嚐。在閱讀這本書的時候,想必許多讀者跟我一樣,心裡頭同時也在思索:臺

灣人的心呢？

它是不是也跟書中所提的日本人一樣，認為自我是由關係所定義，意識可以有不同的狀態，不能全然以無意識來定義。我們甚至會進一步思考：這個觀點是日本人所獨有，還是普遍發生在亞洲人，或非歐美的人士身上呢？

由於歷史因素的影響，臺灣人面對的問題更為複雜。因為想要瞭解臺灣人的心，首先就必須對中國人的心以及原住民的心有基本的掌握才行，然後才是蒐集和分析臺灣的傳說與故事，比較看看當中是否有獨特的樣貌。

這是一個龐大的學術工作，我也不是專家，但在分析了幾篇臺灣傳說後，我目前得出的結論是：臺灣人的心和日本人的心一樣，似乎也偏於母系。或許這部分說明了，相較於韓國人，臺灣人對日本的殖民史有比較多正向情感的原因。

保留差異，有時比解決差異還重要

本書的第三個重點毋寧是：如果榮格心理學與佛教有所衝突，那麼我可以同時擁抱雙方，卻不感到兩難嗎？

這個兩難就發生在我自己以及不少喜好榮格心理學的讀者身上。隨著閱歷的增加，河合隼雄曾經歷過的困惑逐漸在我內心放大：我們該如何看待自我？又該如何看待意識的不同維度

（或者它只有一個維度）？試在下方各舉一例說明之。

　　榮格心理學中所強調的個體化（individuation，編按：本書譯為自性化），其前提是具備一個強固的自我，但佛教與華人傳統中的自我同樣是曖昧不明的。這一點在《白蛇傳》的故事裡看得出來。作為男主角的許仙，一直活在法海與白娘子的影響力之下，無法獨立做出判斷與選擇。這麼軟弱的男主角在西方的故事裡幾乎是不可能看見的。

　　而所謂的開悟或禪定的狀態，那當中的自我是處於「無意識」之中，還是達到了西方心理學尚不承認的「超意識」呢？如果是前者，何以那個狀態下的自我依舊能念念分明？如果是後者，則顯示意味著深度心理學的心靈地圖必須修正。

　　任何一位東方的讀者在對人類心靈的探索來到深水區時，都不得不面對這個問題。而作者在本書中給出的回答讓我們知道：西方的心理學絕非鐵則。心理差異跟文化差異一樣自然，有待不同區域與國家的人去探索出屬於自己的心理學。

　　因此，佛教與榮格心理學之間固然有所不同，但「保留」這些差異有時比解決它們還重要。

結語：西方心理學之外的另一種視野

　　話雖如此，作為一個參照系，我認為榮格心理學依舊有

著無與倫比的地位。因為榮格本人的觀點夠前衛（在當時來說），他對心靈的態度也夠包容。

更重要的是，他從不因為個人的理論取向而強使病人配合演出。他的理論始終墊基於第一手的觀察資料，而非個人的臆想。這使得他的心理治療理論具有一種相對高的客觀性。

這本書是河合隼雄對其心理治療之路的忠實報告，當中不僅有對治療工作的反省，更觸及了跨文化的比較與思考，提供了一個與西方心理學截然不同的視野。

孟子云：「君子之所以教者五：有如時雨化之者，有成德者，有達材者，有答問者，有私淑艾者。」我未曾見過河合隼雄，但他對我的教導就是第五種。我相信他的智慧還會藉由著作傳遞下去，啟發我們對臺灣人的心靈與榮格心理學的思考。

多年之後再讀本書，心境雖有不同，但感動依舊。

佛教與心理治療藝術 ——————————————— |目次|
Buddhism and the Art of Psychotherapy

四方佳評 5
|推薦序| 西方心理學之外的另一種視野／鐘穎 7
中文版序 14
| 序 | 沉默的創造／戴維・羅森 16
前　言 23

|第一章| 我是誰？佛教徒，
　　　　還是榮格心理分析師？ 27

|第二章| 「十牛圖」和煉金術 61

|第三章| 我是什麼？ 107

|第四章| 心理治療中的個人和非個人關係 143

結　語 178

|附論一| 費伊講座紀行：致日本讀者 183

|附論二| 現代人與宗教：作為無宗教的宗教 215

參考書目 235

佛教與心理治療藝術

鄭福明、王求是 ⊙ 譯

中文版序

河合隼雄

　　拙作《佛教與心理治療藝術》在臺灣發行中文版，我深感欣喜榮幸。

　　如同書中所述，我在中年之前對佛教沒多大興趣，年輕時尤其深受西方文化影響，而這也是我當年遠赴美國攻讀臨床心理學的原因。然而有趣的是，在美國和蘇黎世榮格學院所學的榮格心理學反而引導我走向佛教；我專注實習榮格心理分析的同時，漸漸瞭解佛教。這和一般宗教「學者」研究佛教的方式大不相同。當時我最重視的是想辦法幫助深受痛苦折磨的病患。現在我努力找尋幫助他們的方法，佛教就在我心靈中運作。

　　中文讀者可能對我提到的《大乘起信論》感興趣。當然，《大乘起信論》是經由中國傳入我們日本，或許您會發現我未想到的有趣現象或看法，而我自己也一向希望有機會和華人同事討論這些議題。若能從中文讀者身上學到新想法，我將十分高興。

　　現今我們可以看到全球化的趨勢日益顯著，最後恐怕會讓

世界同化，文化間的差異將不復存在。保存各國固有的文化相當重要，然而現代科學強調「世界共通性」，在科學的強大影響下，各個文化恐怕終將被同化；心理治療領域也有受影響的危險。我認為心理治療介於科學與藝術之間，也介於科學與宗教之間。由此看來，佛教在現今心理治療的地位非常重要。

若本書讀者能思考書中提到的看法，我將樂見於本書能促進中、日人民對彼此的了解。

| 序 |
沉默的創造

戴維・羅森 (David H. Rosen)

底石如流
水澈且清

——漱石（Soseki）

　　這首俳句送給河合隼雄先生，可謂詩如其人。他沉靜如石，卻又清慧如流。有一次，我問他在費伊（Fay）講座講什麼主題，以後又寫什麼相關的著作。他答道：「無我心理治療。」我請他稍做解釋，他說：「你們西方人講個人心理治療、人際心理治療、超個人心理治療——我就講無我心理治療。」我又請他更道其詳，他說：「無我心理治療旨在幫助個案變得和石頭一樣。」我心想：「這恐怕不行；把人當成石頭來加以談論，有誰會來聽呢？」後來，他擴充了演講的主題，但石頭之論仍是重點，占了最後一篇演講，也就是本書的第四章〈心理治療中的個人和非個人關係〉的一半篇幅。有意思的是，石頭自始至終對榮格也有著重大的意義，小時他就有

「我是坐在石頭上的人呢?還是被那人坐著的石頭?」[1]的困惑。榮格晚年隱居於博林根,自己用石頭搭建房屋,並在石頭上刻字雕圖,睹物思人,現在這些都成了對他一種很好的紀念。

空心細聽
靜花亦語

——鬼貫(Onitsura)

沉默是隼雄的書中反覆奏響的主題。他從蘇黎世回到日本,整整沉默了十到十五年,對榮格閉口不談。因為他預期他的個案和同事還接受不了榮格的思想。另外他在治療中也越來越沉默。沉默乃石頭、花朵等自然之物的自然之性。隼雄的天性親近天道(Nature,即佛教傳入以前日本本土的神道)的神性。神道(類似於中國的道教)與印度和中國佛教相融,產生了獨特的日本佛教——日本禪宗。我們將會看到,由於第二次世界大戰的影響,覺醒後的隼雄起初以西方自我(也就是個人)為立場,但他的自性化(individuation)[2]道路最後還是將他引到了禪宗**無我**(非個人)的立場之上。在沉默中,隼雄「允執厥中」[3]創造性地將自我/無我、個人/非個人的立場統一了起來。

隼雄於 1959 年獲富布萊特資助來到洛杉磯，並在心理分析方面展開了成效卓越的工作。他與加州大學洛杉磯分校的榮格分析師布魯諾·克洛夫（Bruno Klopfer）教授共事，又以馬文·斯比格曼（Marrvin Spiegeman）為個人心理分析師。隼雄的第一個夢是富有預言性質的：他撿到了一些匈牙利硬幣，上面刻有一個老道人的形象。這個夢象徵著他以後將溝通東方與西方的自性化之路。

在佛教傳入之前，日本的古代文化是母性的。神道的主神是女神天照，她是位太陽神，而在絕大多數文化中太陽神是男性。值得注意的是，在心理分析訓練的最後階段，天照女神成了他論文的主題。在日本原型中，光和熱都是從黑暗的陰性中放射出來的，諾斯替教（Gnostic）、道教、榮格的心理學（阿妮瑪）莫不如此。隼雄將他黑暗的陰石和榮格光明的陽石放在一塊，兩者渾然天成，相得益彰，發射出奪目的光芒。

隼雄是京都大學的教授，是日本第一位榮格分析師，也是一位文化大使──作為一個東方的學者，他的見解別開生面。儘管他編著之書已逾五十本，但在此以前，僅有三本譯成英文。第一本是獲國家文學獎的《日本人的傳說與心靈》；第二本是《高山寺的夢僧：明惠法師的夢境探索之旅》（*The Buddhist Priest Myoe: A Life of Dreams*, 1988），它是一本夢的日記，日記的作者是十三世紀一位極其虔誠而單純的日本僧人；

第三本書是《日本的夢、神話、童話》（*Dreams, Myths and Fairy Tales in Japan*, 1995），是他在埃拉諾斯（Eranos）講座的精華之選。他不僅是一個有名的作家、心理學家和沙遊治療師，而且他還談吐幽默，更是吹得一手好笛，在費伊演講期間，鳥兒成群地棲落在他窗前的樹枝上，傾聽他美妙的笛聲。人鳥相訴，天人合一！

　　本書的第一章是隼雄自己的一個公案：〈我是誰？佛教徒，還是榮格分析師？〉他真實地表達了對佛教的反思，這點頗像榮格早期的懷疑主義（但同時隼雄也關注著日本的佛教禪宗）[4]。後來他積極地評價了佛教對他的教誨和「巨大幫助」，以及佛教帶來的「深刻領悟」。[5] 隼雄講述了他是如何從自我治療轉變到無我治療（no-ego）。另外，他介紹了他的參與式沉默技術，並且描述了沉默所帶來的深刻而充實的同一感。隼雄看來很有禪師之風或是道者之氣，如同他自己所說的：「惟恍惟惚，似或存」。

　　在第二章〈十牛圖和煉金術〉裡，隼雄介紹了東方和西方的兩種集哲學和藝術於一身的圖畫，揭示了它們各自如何象徵性地、富有意味地表達自性化過程。接著他研討了一位現代日本女性所作的「牧牛圖」，認為它（像一個八歲女孩的沙盤中所出現的天鵝少女一樣）表徵著女性在今天的日本文化中重新確立了自身的地位，體現了天照女神之傳統的圓滿回歸。

在第三章〈我是什麼？〉裡，隼雄介紹了西方的自我概念，接著對自我做了一番分析，雖然內容深入淺出，但我看了兩遍才有所領會。他的自我與自性觀點源於日本文化，與西方的觀點正好相反。兩種觀點東、西合璧，得出的結論便是諮商之時內心深處要保持沉默。此章引人入勝，對我們更關注來自另一面、也就是來自東方的觀點者，助益最大。唯有更加關注東方的這類知識，東、西方的觀點才能彼此接納相融，才能超越轉換，最後在對整體（它既無有是處又無所不在）的觀點上達成和諧一致（參見隼雄的自性觀）。

最後一章是〈心理治療中的個人和非個人關係〉，他將沉默靜坐和包容矛盾或相容對立拓展成為一種心理治療方法。以靜默為中心，他一支妙筆，飄來繞去寫的都是他的整體，他的「無」。他把個案的抱怨和症狀看成是禪宗公案，末了還把個案看成禪宗師傅。最能體現他是神道（和道教）道士的，是他把悲憫和愛當成是相互治療的基礎，認為受苦為治療師和病人創造了意義。最後，隼雄得出結論，東、西方文化真正的整合既可能又不可能。然而，合卷沉思，你的直覺會告訴你，他對（如同榮格）整合的前景是憂喜參半、頗為躊躇的。

最後讓我以佛陀的幾句話作為結束：「十二類生，不能自全，依四食住。所謂：段食，觸食，思食，識食。」[6]

依佛所云，隼雄給我們帶來了心理學的「思想食糧」，

要消化和吸收東方這如此豐厚的饋贈，我們還得下一番功夫。我們的「觸」為隼雄和他個案的故事所打動、鼓舞；我們的「思」因他的思想達到了一個新的高度、一個新的深度；最後我們的「識」因之而擴展到了「整體」和「無」的全新境界。請讓我向隼雄先生致以深深的敬意！正所謂：

滿目新鮮

周宇清涼

——芭蕉（Basho）

戴維・羅森[7]

於德州大學

備註

【1】　榮格：《回憶・夢・省思》（*Memories, Freams, Reflections*），安妮拉・亞菲（Aniela Jaffe）編（New York: Pantheon, 1963），第 20 頁。

【2】　編註：Individuation 指的個人是邁向自性（the Self）的歷程，現多譯為「個體化」。榮格在《分析心理學二論》（2024 中譯本）指出，「個體化是實現個人天賦的心理發展過程」，在過程中個人會卸除集體意識和集體無意識所加諸的種種。王浩威在《男人・英雄・智者》（2021）譯註（p. 21）指出：「Individuation 這個字在榮格心理學裡一直都不容易翻譯。一方面，就像廣義的心理學一樣，孩童時期

如何脫離母親，以及後來如何脫離家庭，一直都是個重要的議題⋯⋯然而榮格所強調的不只是前半生，還強調後半生，特別是自性的追求。因為如此，包括中國大陸學者申荷永（編按：申教授《佛教與心理治療藝術》2004 年中譯本撰序者）在內，許多人將這一個名詞翻譯成自性化，強調的是自性的追求，同時也容易和中國傳統「修身養性」或心性說法的觀念來對話。」本增訂版保留 2004 年版本的《佛教與心理治療藝術》的譯法，以「自性化」翻譯 individuation。

【3】 湯瑪斯・默通（Thomas Merton）：《湯瑪斯・默通的亞洲之旅》（*The Asian Journal of Thomas Merton*）（New York: New Directions, 1975 年），第 104 頁。默通旅遊東方之時，發現佛陀既是有我的又是無我的；也就是說默通發現了「中道」所在。

【4】 榮格：〈序鈴木《佛教禪宗入門》〉（Forward to Suzuki's Introduction to Zen Buddhism）（New York: Doubleday, 1956），重印於《心理學與宗教：東方和西方》（*Psychology and Religion: East and West*）第二版；又見於《榮格作品集》（*The Collected Works of C. G. Jung*）（Princeton, N.J.: Princeton Univ. Press, 1969）第十一卷，第 538-539 頁。

【5】 榮格：〈關於佛陀的演講〉（On the Discourses of the Buddha），見於《榮格全集》（1976）第十八卷《象徵的生命》（*The Symbolic Life*），第 693-699 頁。

【6】 榮格：《象徵的生命》，《榮格全集》（1976）第十八卷，第 311 頁。

【7】 戴維・羅森為美國精神病學家，曾任德州 A＆M 大學分析心理學教授。1995 年河合隼雄於德州 A＆M 大學的「費伊分析心理學講座」發表演說，即由羅森教授邀請。該講座內容後來形成這本《佛教與心理治療藝術》。

前言

　　對於心理治療而言，病人的意識和無意識達到一種和諧的心理境界，至為重要，在當代歐洲國家，人們普遍形成了一種強烈的自我意識，如艾瑞旭・諾伊曼（Erich Neumann）[1]所言，這是「西方人的獨特成就」。這種強大的自我，雖然透過科學知識取得了豐碩的成果，但也總是有著與無意識脫節的危險，現在許多的病人都飽受這種「關聯喪失」之苦。為恢復這種關聯性，病人必須努力探求其自身的無意識，這也是深度心理學家所要做的。

　　此外，我覺得我們還應審視各種不同的自我意識。現代西方關於自我的研究已取得豐碩成果，全球各地的文化都受其強烈的影響，然而，鑒於強大的西方自我通常會與無意識脫節，因此，有必要探討不同文化中的自我－意識。作為一個日本人，我想在此談談日本在這方面的情形。

　　在首次費伊講座前夜的晚會上，我做了一個講演，開始幾句話是這樣的：「據稱，一個日本人在這樣的場合，往往以道歉作為開場白，謙稱自己才疏學淺，受寵若驚云云；而如果是

一個美國人,那他就會先講一個笑話。為何有這些區別呢?我認為原因是這樣的:日本人相聚一堂時,無論彼此是否相識,他們都分享著一種不分彼此的「合一」感覺,任何人都不應表現得與眾不同,所以,當其中一個人出來講話時,他就必須致歉,說明自己與他人並無區別;然而,在西方,即便來自同一個地方,大家都很獨立,當一個人在作開場白時,他就要講一個笑話,以便在哄堂大笑中營造一種親密無間的氣氛。」

這個例子顯示了西方人與日本人在自我意識方面的區別。在西方,人們首先是確立一種有別於他人的自我,而後才設法與他人建立聯繫;相反地,日本人則首先樹立一種「融而為一」的感覺,而後才成為一個有別於他人的個人。

如果我們從一個特定的文化角度出發去看待事物,就很容易批評其他的文化。其實,要判定哪種「立場」正確,是不太可能的事。我想,以後現代意識為鵠的,我們就能彼此瞭解,相互受益。

佛教對日本人的意識有著深刻的影響,然而在多年的心理治療中,我都沒有察覺。直到我在美、歐等地講演我的實踐經驗時,我才日漸意識到佛教對我的心理治療產生了重要影響;是西方的旁觀者們幫助我體會到了我自己的行醫方法。

引人注目的是,早在 1939 年,榮格就覺察到了禪宗的重要性,在為鈴木大拙的《佛教禪宗入門》作序時,他指出:

「此書告訴了我們許多關於『開悟』的實際內容，開悟被解釋和表達為從自我形式的意識到『非自我』形式的意識之突破。這種觀點不僅與禪宗的本質一致，而且也與大師艾克哈（Meister Eckhart）的神祕主義觀點相符。」[2] 由此可見，榮格掌握了禪宗的本質，但他不願將禪宗直接引入西方。他認為，「將禪宗直接移植到西方世界是不可取的，甚至是不可能的。」[3] 也許，當時的情況的確如此。現在情況如何呢？這不是一個簡單的問題。然而，即使我在某種意義上同意榮格的看法，認為「直接的移植」不太可能，但我想相互學習還是十分有益的。

作為一個東方人，我從榮格心理學中獲益良多。重述一個日本人成為榮格心理分析師的歷程和體驗，以及在這一歷程中，深植於心中的佛教文化如何潛移默化地影響了我的心理治療工作，我想，這不僅對於日本讀者，而且對於西方讀者，都是有益的。

備註：

【1】 艾瑞旭・諾伊曼（Erich Neumann）:《意識的起源與歷史》（*The Origins and History of Consciousness*）（New York: Bollingen Foundation and Pantheon Books, 1954年），第18頁。

【2】　榮格:《佛教禪宗入門》序言,《榮格全集》(1958)第二卷,第543頁。
【3】　同上,第554頁。

佛教與心理治療藝術 ｜第一章｜
Buddhism and the Art of Psychotherapy

我是誰？佛教徒，還是榮格心理分析師？

我於 1965 年從瑞士蘇黎世返回日本，此後我便一直從事榮格式的心理分析工作。在過去三十年中，我在對許多病人進行治療的同時，還一直致力於榮格心理學的介紹，組織了許多榮格心理學的培訓與教育。至今，已有十三名日本心理分析師在從事治療，這也是對我辛勤耕耘的回報。

　　長期以來，我一直非常自然地把自己看成為一個榮格心理分析師，卻從未認真想過自己是一個佛教徒，我也從未想過會以佛教的理念從事心理治療。但是在最近，當我試圖將我的心理分析方法加以總結概括，並介紹給西方同行時，我詫異地發現，我過去的工作深深地烙下了佛教的許多烙印。所以，在本書中，我想側重分析、闡述我與佛教的關係。

　　必須聲明的是，我無意在此以佛教思想為基礎，闡述心理治療問題，也無意在此將佛教的宇宙論與榮格的理論進行對比。在這些方面，有許多人更為勝任。[1]「我」作為一個個體，接受了榮格心理學訓練，隨後在日本這個「外國」文化土壤中從事榮格心理分析工作與教學，在這個過程中，這個「我」經歷了意識與無意識層面的種種轉變。本書的旨在回顧我的心理分析方法，並從佛教的角度重新審視「我」的真義。

1、從個別到一般

　　無論是佛洛伊德還是榮格，都聲稱自己的心理治療是一門「科學」。鑒於他們當時所處的情境，的確有必要這樣做，因為唯有如此，這些新近創造出來的方法才能為社會所認可和接受。其實，他們也的確認為自己的心理治療從根本上來講還是科學的，因為他們的工作和理論並非基於沉思的臆想，而是基於實踐的經驗。此外，從對病人進行的治療及從中獲得的結果來看，他們也自認獲得了科學的論據，但這些「科學依據」在今天看來，顯然是站不住腳的。

　　首先，深度心理學有許多不同流派，對於堅持真理唯一性的自然科學家而言，這一點就已使他們對其科學性不敢苟同。[2] 而當出現某種現象時，深度心理學家可以做出一些馬後炮式的解釋與說明，卻無法像自然科學家一樣言之有據地對事物的發展變化做出精確預測。對此，我無需贅言，因為我們已經日漸明白，對心理治療，尤其是基於深度心理學的心理治療，我們不能、也無法將其當作自然科學去對待。

　　在此，我尤其想探討一下兩者在方法論上的差別。對於現代自然科學而言，觀察者與被觀察的現象之間有涇渭分明的區別。因此，其觀察結果被認為是「放諸四海而皆準」的，因為任何一個人都可以成為同樣的觀察者。然而，佛洛伊德和榮

格的研究卻是萌芽於對自我的分析,並以此為基礎建立起自己的理論體系和方法論體系。這些自我分析,大都是他們在遭受心理疾病後漸癒的過程中進行的。艾倫伯格(Ellenberger)認為,這種疾病可稱為「創造性疾病」。[3]

這些心理分析鼻祖們竭力使他們的個人經驗客觀化,以示其結論的普遍性,也希望能藉此使他們的理論被大眾理解、接受和運用。但是,只要觀察者深深陷入的是其個人的現象,其情形就會與現代自然科學的理想大相逕庭。

那麼,又為什麼需要這種「不科學」的東西呢?有些要尋求心理治療的人問醫生:「為什麼我三歲時母親就去世了?」自然科學家會回答說:「因為她得了肺結核。」「當時許多人死於肺結核。」或者說:「當時沒有醫治肺結核的藥物。」但這些並非提問者需要的答案,他想要知道的是:「為什麼年僅三歲,母親必須得死去,把我孤零零地撇在這世界上?」這種現象與自己的關係才是這個人力圖把握的,但自然科學家卻把個人與現象分開來進行研究。而要妥當地回答這一問題,心理分析師就必須準確地理解這種現象與個體的相互關係。

在現代社會,自然科學與技術的迅速發展,已使人類可以自由地控制、操縱各種物體和條件,以實現我們的種種願望。事到如今,我懷疑人類是否過於自信、過於看重自身的利益。我們現在認為科學知識可以使我們理解一切,臆想自己能夠而

且應該無所不能,為所欲為,可以毫不遲疑地任意地操縱、控制任何事物。由於科學思維的根基是客體與自我的分離,而智性思考又凌越於一切之上,於是我們就注定要成為「關聯喪失症」的受害者。事實上,幾乎所有尋求心理治療的人,都是不同程度的受害者。

正是針對這種症狀,佛洛伊德和榮格才致力於發展一種注重「關聯」的理論。在他們自己病症的癒合過程中,他們力圖將「自我」(ego)和整個「自性」(the Self)聯繫起來,試圖探求一種「普遍的知識」:一條由個體的特殊性到普遍性的途徑;這條追求普遍性的路徑與那種自然科學所遵循的忽視、否定人的路徑迥然不同。

如上所說,你或許能夠理解,將深度心理學理論運用於人類,並非像將物理學理論運用於物體一樣容易。但是,用深度心理學理論作指導,心理分析師可以協助病人從自己開始,逐步探求內心世界和外部世界。但是,如果忽視或否定被分析者的存在,或不將他當成一個個體,就不可能使深度心理學的理論得到「應用」。不論什麼深度心理學流派,如果一個人只相信所謂「科學」,那麼就無法運用這一理論。

根據我個人的經驗,以及我對深度心理學知識層面的本質性理解,我相信,體會個人與群體的聯繫,對於許多人都有重要意義。特別是在理解榮格所說的「集體無意識」時,人們

必須要以開放的心態，接觸不同文化形態的人的經驗，並將這些經驗融彙到個人的世界觀中。儘管榮格處於一個彌漫著強烈「歐洲中心」論調的時代，但他本人卻對歐洲以外的文化有很深的造詣。

在此，我不想探討佛學或從佛教角度妄論心理治療，我只是想主要立足於我個人那段長期迷惑、失落、徬徨的經歷，來探討我在日本獨自行醫時佛教所發揮的作用。

2、佛教與我

當我成為一個榮格心理分析師時，我從未想到我以後會深深地迷戀佛教。從幼年時起，我便對佛教隱隱地持有一種排斥態度。我總認為佛教很不吉祥，甚至有點邪惡。大多數日本人因出身於佛教家庭而成為了佛教徒，但他們並不像基督教徒一樣，必須每週到教堂參加牧師主持的彌撒或禮拜。除非家中舉行葬禮，否則我們極少會想到自己是一個佛教徒。

當我首次踏上美國的土地時，所要填寫的表格中有一欄是「你的宗教信仰」，我記得我當時猶豫良久才寫下「佛教」兩字。有些日本人則寫「沒有」，這些人在西方人眼裡，便有了「無神論者」之嫌。這種假設造成了極大的誤解，因為當時「無神論者」幾乎等同於「共產主義者」。日本人在精神信仰

上，不會執著於某些特別的宗教，這便是誤解的根源，我會在後面對此加以分析。總之，像其他日本人一樣，我是一個「糊裡糊塗的佛教徒」。

我對佛教所持的消極態度是有緣由的。我年僅四歲時，弟弟就去世了。當人們抬走他的棺柩時，我大哭不已地撲了過去，聲嘶力竭地喊道：「不要扔掉它！」弟弟的夭折，使我母親極為悲痛，她整日淚流不止，誦經不斷。我當時定是極為悲傷地立於母親之側。我長大後，母親仍多次提及此事，這故事聽得多了，我便形成了自己的記憶，但後來形成的記憶情景，我想是我自己塑造的。由於兒童時期的此一經歷，在我成長過程中，佛教和誦經似乎總是引起我內心與死亡有關的不安與焦慮。那種對死亡的恐懼至今還宛然在目。我記得在我弟弟去世後好多年，我常屏住呼吸，閉上雙眼，心裡想著「死亡就是這樣吧」或者「你已失去所有知覺，什麼也不知道了」，這些恐怖的想法使我惶惑不已。佛教似乎無法拯救我，相反地，它使我一味感覺到死亡的存在和我的在劫難逃。在這種不祥之兆的籠罩下，我與佛教的間隔與日俱增。我只知道我家是信奉佛教的淨土宗（Jodo）的，而對其創立者法然（Honen）及其學說毫無興趣。

父親讓我留下了深刻的印象，他喜愛禪宗的格言是「日日是好日」；另一句格言是「直指人心，見性成佛」。我父親不

止一次地向我講述佛祖達摩面壁九年的故事。我對達摩敬佩不已，我想他一定開悟了，因為他不懼死亡，而我卻時時生活在死亡的陰影之中。

我日漸長大了，雖然尚不知禪宗的「真諦」，但卻期望著能達到「覺悟」的境界。這對我太重要、太有吸引力了，因為我認為「開悟」就可以讓所有的焦慮和恐懼瞬間煙消雲散。

在我長成翩翩少年時，第二次世界大戰爆發了。日本軍力日漸強盛，學校每日灌輸的理念就是「好男兒志在沙場，為國捐軀」。雖然都市中知識階層反對這種理念，但在我們的農村，這種想法卻大行其道。非常糟糕的是，我怕死的念頭一點也沒有減輕，我不想死，也厭惡殺人，因此從沒想過要去參軍。作為這樣一個「徹頭徹尾的孬種」，我不敢向別人坦承我的想法：「對不起，我怕死，我不敢當兵。」

我懷著崇敬的心情，目睹了我的初中同窗好友們立下為國捐軀的誓言，毅然踏進陸軍學校和海軍學校。

我絲毫沒有這種以身報國的願望，更為自己的軟弱困惑不已。終於，我寫了封信給我大哥，他當時在醫學院讀書：「大哥，我該怎麼做才好呢？我怕死，不想當兵，為此我羞愧萬分。我知道你和父親都是學醫的，對死亡已經覺悟。我不喜歡醫學，但我想報考醫學院，你們對此有何看法？」

我大哥立即給我回信，信文如下：

對死亡的恐懼是一種天性，你無需為此感到羞愧。盡忠報國不限於投筆從戎。只要從事你喜歡的工作，你就可以對國家有所貢獻。

如果你學醫，你可以理解身體的消亡，但你仍無法理解死亡對人的意義。要理解這一點，可能要花費一生的時間。就此而言，學一樣東西與學另一樣東西不會有多大區別。對於死亡，我和父親都還談不上什麼開悟。所以，不要擔心，你在從事你喜歡的工作的同時，可以慢慢對此再予以思考。

這封信中，讓我印象最深的一句話是「父親和我都還談不上什麼開悟」。原來，即便是父親那樣一個顯得意志堅強、無所畏懼的人，都還沒有開悟。當我讀到死亡的意義需要一生的探索時，我怯懦的羞愧心理蕩然無存。哥哥在信中談到的恐懼問題，也是事實，即使在這樣的年紀，在未開悟之前，我依然怕死。自始至終，關於死亡的問題一直伴隨著我。

最終，與佛教的接觸不期而至，地點卻是在美國。為了與我生於斯長於斯的東方宗教相遇，我竟不得不遊學西方——先是美國，後是瑞士。我隨後談到的「十牛圖」和曼陀羅（Mandala）都是我第一次到美國後，我的第一個心理分析師馬文・斯比格曼博士（J. Marvin Spiegelman）介紹給我的。我對這些很是著迷，但坦白說，我也覺得它們很可疑，或者至少

有些神祕。

3、嚮往西方世界

在剖析我與佛教日益親近的關係之前，我想先談一下我為何要出國留學。在我孩童時期，日本軍事力量不斷強大，全國的參戰運動日益高漲；不幸的是，日本神話被軍國主義者們用於鼓吹所謂「日本是神聖之國，所向無敵」的論調。我很天真地接受了這種灌輸，但是與別人不同的是，我喜歡理性的思考。我總覺得，軍國主義者的這些煽動性口號有些問題，我自己也不時為這種想法所困惑。

在美軍對日軍發動日益猛烈的進攻之時，一個小有名氣的士兵到我就學的初中來訪問和演講。他說，縱觀我們悠久的歷史，侵略者的勝利都只是暫時的，他們最終會以失敗收場，因此力圖侵略日本的美國軍隊不久就會失敗。

聽著聽著，我覺得我只能同意他所說的前半部分，對於後面部分，我略加思索就意識到，其實這次是日本發起了侵略戰爭，因此，我斷言日本必敗無疑。這種可怕的想法使我身心交瘁。我竭力想驅除這種不祥之念，但卻揮之不去，甚而日益強烈。周圍所有的人都堅信日本必勝，只有我的觀點完全相反，我不堪重負，備受煎熬。最終我只得向一個兄弟傾訴，指望他

能說服我、駁倒我,但他對我的想法不置可否,只是極力勸阻我不要把它告訴別人,包括我的父母。

我十七歲時,日本戰敗。戰後我才日漸明白,我們過去所受的那種教育是多麼的愚昧可笑,於是,我完全接受了西方的理性主義。此外,我還對日本的神話持有強烈的偏見,我幾乎排斥日本所有的東西,熱愛西方所有的成就,對其文學、藝術更是頂禮膜拜。我把日本的東西看成是非理性的,它們像是要把我拖入黑暗之中,而我則祈禱著陽光照亮我的生活。

我認為要使日本從戰敗中解脫出來,最重要的是要學習現代西方的理性主義,要學習科學,因此,我在大學主修數學,並擔任中學的數學教師。我對科學崇拜不已,認為其無所不能。從這種觀點出發,我鄙視佛教教條,認為它不值一聞。

當時,的確有許多熱血青年在作理性的思考。許多人對唯物主義感興趣並成了共產主義者。我有一種預感:科學主義是矇騙性的。我很幸運一直抱持這種預感,而當時的知識分子卻總帶有不同程度的唯物主義色彩,似乎只有這樣才是「正確的」。

我竭力投身於教育,視之為終生事業,慢慢地,越來越多的學生來找我談他們的心理問題。為了更詳盡地回答他們,我進入了京都大學,學習臨床心理學的研究生課程。當時這門課程在日本還沒有合適的教材和教師,即使如此,我還是盡我所

能地研習臨床心理學。在教學中，我將注意力從數學轉移到心理諮商上，之後，我辭掉了中學數學教員的職位，將更多的時間用來研習臨床心理，並開始在京都大學講授這門課程。最終我還是覺得應該到美國去深造。

我很幸運地通過了富布萊特獎學金的考試，於 1959 年成為加州大學洛杉磯分校心理學研究生，開始了對臨床心理學的認真鑽研。在洛杉磯分校學習羅夏克技術（Rorschach technique）時，我遇到了布魯諾・克洛夫博士（Dr. Bruno Klopfer），他是一名榮格心理分析師。從那時起，我開始被榮格的觀點吸引，並開始邁入榮格心理分析的大門；也就是說，到美國前，我對榮格所知甚少，也從未想過要研習他的理論。我從事榮格心理分析純屬偶然。

4、榮格式的心理分析

開始作心理分析時，斯比格曼博士提到要作夢的分析，我感到非常驚異，並且馬上提出異議：「我不能相信這種非理性的東西。」我告訴他，我不遠萬里到美國，要學的是西方的理性主義，哪能相信這種「夢中兒戲」？

他反問道：「你分析過你的夢境嗎？你想過它們的含義嗎？」

「沒有」，我回答。

「你沒分析過它就否定、排斥它，這種態度科學嗎？」

我想他這麼說也有道理，雖然滿腹狐疑，我決定還是先試一下，便答應了記錄夢境。我的第一個夢十分奇特，我毫不瞭解它的涵義，但有意思的是，這個夢有一條故事主軸。當我對我的分析師講述這個夢以及我的聯想時，我慢慢體會到了其中的涵義，於是我又大吃了一驚。

我夢見我拾到許多匈牙利硬幣。這些硬幣上都刻印著一位元老道人的圖像。由我對匈牙利的聯想看來，夢中的匈牙利對我而言，是一座溝通東西方的橋樑。我的心理分析師說，從我的夢境分析來看，我終將能夠領會東、西方關係的重要價值。我後來的生活證實了分析師的預言。

有了這第一個夢後，其他有意義的夢接踵而至，雖然我深深為這些夢所吸引，但仍然抱怨其本質「不科學」，對榮格心理學的「神祕主義」深表不滿。幸運的是，我的心理分析師對我並不懊惱，他每講一節，都坦誠地與我爭辯。透過這些交鋒，我逐漸以自己的方式明白了榮格心理學與自然科學的聯繫，並逐漸接受了這個心理學流派。

也正是在洛杉磯學習期間，在一個偶然的機會下，我重新與佛教有了接觸。在一次心理分析講授過程中，一位心理分析師向我展示了禪宗傳統的「十牛圖」。作為東方人，我對這

源於東方的圖畫一無所知，真是十分丟人。如前所述，由於父親的影響，我對禪宗的態度，比對其他幾種佛教宗派要溫和一些，尤其是在我對「頓悟」產生強烈興趣後，情況就更是如此了。令我印象深刻的是，在這些圖畫中，開悟的狀態被描述成了一個過程。我的理解當然很粗淺，但我對這十幅畫的興致卻有增無減。

1982年，我發表了一篇評論文章，是關於《哲學家玫瑰園》（*Rosarium Philosophrum*）中的煉金術圖和「十牛圖」的比較研究[4]，榮格曾經對前者作過評論。這是我第一次就佛教問題發表論述。

在一次榮格問題專家的聚會上，有些對禪宗感興趣的人士問我是否讀過奧根・海瑞格（Eugen Herrigel）的《箭藝與禪心》（*Zen in the Art of Archery*）[5]，其實我讀過這本書，它讓我留下了深刻的印象：作為一個對日本文化非常陌生的西方人，海瑞格對日本文化如此孜孜以求，我深感震撼。回到日本以後，我又重讀了這本書，並把它列為我的參考資料。

我對禪宗的興趣日益濃厚。我閱讀了榮格為鈴木寫的《佛教禪宗入門》序言[6]（英文版），大為讚歎。就這樣，我慢慢地走近了禪宗。我覺得禪宗雖然言之有理，但其境界高不可攀，也許有人能夠開悟，但非我輩能及，也從未想過禪宗還能提升我心理分析的能力。

當你走近一個人,即便是一位偉人之時,你也會看到他的陰影。在日本有時你會看到或聽說一位「禪宗大德」,但後來你會發現,即便他開了悟,他自私的一面卻仍然一如既往,這讓你迷惑不已。其實這種情形並非禪宗獨有,在心理治療中也是司空見慣:不管你接受了多少心理分析,你的本性可能還沒有改變。

　　在洛杉磯完成一年半的學習後,我回到日本,進而又到了蘇黎世,在榮格研究院學習。因我曾作過心理分析,所以一到蘇黎世,我便開始進行夢的分析。在這樣一個過程中,我又恢復了與故土文化的接觸。例如,我的興趣開始轉向久違的日本古典文學,同時,也開始閱讀日本童話、傳記和神話作品,這些都幫我重新找回了自己的根。

　　由於我對所有日本味的東西都曾極為排斥,因而,當我透過夢的分析發現日本神話對我有重大意義時,我震驚不已。「夢的資訊」以各種不同的形式重覆著,使我對此的體會日益深刻。正如我的心理分析師梅爾(C. A. Meier)所言:「當一個日本人在尋根時,追溯到了日本神話,這不是一件很自然的事嗎?」因而,最終我只得轉而研究日本神話。

　　我有兩位心理分析師,一男一女。我出自男尊女卑的社會,不願承認一個女人會比我高明,因此讓一個女人來分析自己總不自在。於是一個富有轉折意義的夢境出現了,我的女分

析師利蓮・胡瑞（Lilian Frey）在夢中向我走來，全身裹著光芒。我敬畏不已，趕緊下拜。

我一覺醒來，心中忖思：「她是太陽神！」由於這個夢，我獲得了一次機會，對胡瑞的態度有了轉變。的確，我對整個女性的看法和態度都發生了變化。

我向胡瑞描述了夢境，同時也告訴她我對女性的大致感受，以及這個夢對我的影響和改變。我問道：「妳是太陽女神，對嗎？」說罷，我向她解釋，在日本神話中，太陽女神「天照」至高無上，至少她是最為顯要的人物。胡瑞女士微笑著答道：「我既非女神，也非太陽，我只是個凡夫俗子，那太陽女神在你心中。」

我對此有兩種截然不同的反應：一方面覺得她說得似乎有理，另一方面又覺得不太好接受，因為當時我對日本神話的態度很消極。

有了這些經驗積累後，我在榮格學院的畢業論文選擇了論述日本神話，其主題即是關於太陽女神天照。

借助於這些豐富的分析經驗，我建立了作為一個日本人之所以為日本人的生活基礎。但此時，我依然沒意識到佛教與我的工作有何相干。

5、西方的意識

在榮格研究院學習不久，我與馮・法蘭茲（Marie-Louise von Franz）博士做了一次非正式的交談。她或許早已對我產生了興趣，因為我是該學院第一個日本學生。或許她想要激勵我，她開玩笑地說：「你大老遠跑來，聽我們每天都喋喋不休，談的都是無意識，會不會感到驚訝？」

我答道：「我對與無意識有關的問題並不感到吃驚。到這裡之前，我對它就已經比較熟悉了，讓我感到驚訝的是西方的意識。」馮・法蘭茲博士看來理解了我的意思。「是嗎？」她高興地笑道。實際上遊學歐美，文化差異給了我很大的衝擊。西方的自我，是自主獨立的，似乎「自我」與它以外的一切都斷然分開。這對一個日本人而言，是很不舒服的。日本人注重的是整體性，強調的是與他人和外在的一切之聯繫，日本人的自我發展並不割斷與外在的聯繫。如果對這種區別你只知其然而不知其所以然，那麼你會在日常的交談中產生誤解，或是在人際關係的基本感覺上產生偏差。抽象而言，西方的自我有強烈的分割性，它把事物分成一個個互不相干的組成部分。相反，日本文化中的自我具有很大的包容性，它「承納」而不是「分割」一切。相關的例子很多，這裡我僅給出我個人的一段經歷：

我在洛杉磯接受分析時，我的分析師考慮到我是一個經濟困難的留學生，把我的學費減少了許多。我自然甚為高興，但我又不得不這般頗費思量：心理分析對我而言是最重要的，儘管我的學費降低了，我能將省下的這筆錢用於消遣嗎？而且，即便節衣縮食，我也應該支付一筆合適的學費。最後，我終於忍不住把我的想法告訴我的分析師，他很詫異地對我說：「我是考慮到你我各自的經濟情況，才決定這樣一個合理的收費，作為收費者，我都不在乎了，你在乎什麼呢？」

聽起來很順，但我總覺得有點彆扭：「我想你是有道理的，但我不能這樣處理問題，你讓我考慮一週吧。」我答道。

第二週，我對他說：「我理解你的感受，也接受你的好意，只付減價的學費。但是，我不同意你不在乎我就不必思慮的這種觀念。然而既然你如此慷慨，我也會銘記在心，讓它不斷激勵我。」在此，我也想說，他的善舉影響了我，一直到今天的工作。

我不知道這個事例是否說明了美國人和日本人對同一事物的不同態度：美國人習慣於一種「一是一，二是二」的邏輯和個人化的思維；日本人則習慣於考慮關聯性，提建議一定要考慮到另一方的看法。

我對西方意識的理解，深受艾瑞旭・諾伊曼《意識的起源與歷史》[7]一書的影響，它使我領悟到西方的自我概念是人

類精神史上長出的一朵奇葩。諾伊曼認為，很明顯地，日本人從未達到「殺死母親」這樣的一個象徵階段。根據他的理論，自我的發展是循序漸進的，然而，日本人的自我發展在一個很不成熟的階段就停滯不前了。這使我想起了當時美軍駐日總司令麥克·阿瑟離開日本時所說的一句話：日本人的心智年齡只有十二歲。這句話看上去有些道理，但我並不完全苟同。

我回到日本後，對日本人的自我觀念逐漸形成了自己的看法。與日本的自我相比，我承認現代西方自我是強大有力的，但現代西方的自我只是意識的多種形式之一，也並非是唯一正確的形式。為了闡明這一點，就有必要準確地描述各式各樣的自我形式，並將它們與西方的自我進行比較。為此，我花了三十多年的時間。這裡，我尤其要聯繫著佛教來探討日本人的自我觀念。

一次與西方意識不經意的交鋒，對我日後成為一名榮格心理分析師產生了重要影響。榮格研究院畢業證書的答辯考試所涉頗廣，當時，一位考官要我「舉出一些象徵著『自性』的符號」，我應該回答「曼陀羅」或其他類似的標準答案，但日本的一句諺語「草木國土悉皆成佛」從我的心中浮現出來，我立刻答道：「一切事物。」隨後，答辯就成了激烈的爭論。事後，如我所料，那位考官說我缺乏分析心理學的基本知識，此後便有了許多的麻煩，但我終於還是通過了證書考試。

回想起我當時如何回答問題，以及隨後如何艱難地為自己的觀點爭辯時，我覺得其中有許多背景因素，我想其中之一是日本佛教對「森羅萬象」的重視。當然，爭辯時我並沒有想起這一詞語，嚴格地說，按這種佛教觀點，我所斷言的「一切事物」極有可能就是自性本身，並沒有一個關於自性的象徵，只有自性本身。這一點十分重要，隨後我將對之加以討論。

這次考試意義深遠，它不僅是對應試者是否具備相應知識的考察，而且也能激發被試者的潛力，因此它成了我成為日本榮格心理分析師的入門儀式。

6、日本的榮格心理分析師

1965年我從瑞士回到日本，儘管當時公眾對心理治療還未有耳聞，但我還是決定馬上開始工作。由於公眾對此瞭解很少，我每走一步都必須謹小慎微，例如，假使當初我毫無顧忌地大講夢的分析，人們就可能早已經將心理分析看成迷信；又如，在治療的機制方面，對另一個人傾訴，不但有時間限制，而且還要付費，在日本人看來這完全是天方夜譚！付費就要得到一些東西，要看得見、摸得著的，那個時代就是這樣。而且當時的日本知識分子過分熱衷於趕上、超越西方的現代化，以至於狹隘地理解了「科學的本質」，將臨床心理學和心理治療

一竿子打為「非科學」。

正因如此，我沉默了十年才能在公眾場合講童話，沉默了十五年才能在公眾場合講神話。在那些年裡，我小心翼翼地向人們介紹夢的分析理論，首先是在專家圈子裡，很久以後才慢慢地面對大眾。我開始工作時就是這麼戰戰兢兢、如履薄冰。

我的第一個病人是一個十三歲的男孩，他患有恐學症。在第三次治療時，他講了一個怪夢：「我走過一片土地，那裡的苜蓿比我還高，突然我看見一個巨大的肉體螺旋或是漩渦，我差一點被吸了進去。這時我被嚇醒了。」

這個夢也給我留下了深刻的印象。那個螺旋有兩面，一面是再生，另一面是毀滅。自古以來，它經常作為偉大母親的原型出現。古代日本地母女神的小像上就刻有螺旋花紋。這個夢強烈地暗示著在面對這個毀滅性的大地母親時，這個男孩感到多麼地軟弱無助。

這個夢馬上讓我想起了我回國時發生的兩件事情。那時，出國學習一般是不能帶家屬的，所以在日本的父母和親人為我的學成歸來舉辦了一個盛大的歡迎晚會。日本有一個風俗，凡有重大喜慶，就要吃海生鯉魚，因此，那天在餐桌中央擺了一條很好看的海生鯉魚，不料我母親才吃一點，就被魚骨卡住了喉嚨。她非常痛苦，為此還進了幾次醫院。第二件事是晚會結束後我送母親回家，關計程車門時，我又差點把她的胳膊夾

斷。

這兩件事讓我莫名其妙,難以釋懷。我對母親應該沒有什麼特別隱藏的,或下意識的敵意,這時,我聽到了男孩的這個夢,我的直覺告訴我,偉大母親的消極原型在日本無處不在;不光是他,而是幾乎所有的日本人——當然包括我——都受她左右。普遍流行的恐學症就是其表現之一。最近,在日本拒絕上學的小孩人數激增,這一現象涉及多種心理因素和各種心理狀況。一個可能的解釋是:日本的偉大母親之原型如此強大,以至於小孩既想和母親在一起,又想反抗她。棄學在家可以使他們親近母親,同時又可以與母親要其上學的要求作對。看來,在比較日本文化和西方文化時,對母性原則或父性原則支配社會的程度作一番考察,還是有好處的。

在日本作分析,考慮到母親原型支配性的力量具有重要意義,許多現象都可以因此迎刃而解。譬如,許多個案在治療約定時間之外,甚至是半夜打電話給治療師;又如,個案對治療師的依賴性非常嚴重,一些個案甚至希望治療師就是偉大的母親,能夠無休無止地承受一切,接受一切。看不透這種現象,而只是努力地去建立教材式的「契約關係」,個案就會覺得你無情無義,治療關係就會遭到破壞。治療師必須體認到個案通常會將偉大母親的原型投射在治療師身上。

當我開始在日本介紹分析心理學時,我不知道怎樣去描述

原型,但我很快找到了一個辦法,那就是,先講一個偉大母親的故事,再講原型。日本人都深受偉大母親的影響,因此,講講這類故事,是幫助他們理解的方便法門。以前,「母親」的形象在日本幾乎是絕對積極的,在西方文化啟蒙了「現代」自我的價值之後,母親的消極面才一下子引起大家的關注,其表現之一就是年輕人憤然而起,開始與那令人窒息的母親進行抗爭。對母親形象消極影響的認識與抗爭,提高了日本人的意識水平。

我從事分析幾年後,突然注意到我的分析對象有三分之一強的人是基督徒(日本的基督徒只占人口比例的百分之一),這並非偶然,因為被西方式的自我吸引而又有宗教傾向的日本人,常常會對基督教產生興趣,我自己也是如此。我年輕時,從來沒有瞄過佛經一眼,但是我卻讀過《聖經》,並且深受感動。我如此眾多的被分析者喜歡基督教,就表明他們早就已經和周圍的日本文化環境有了種種衝突,已經沒有了如魚得水的輕鬆自在感。

在夢的分析開始以後,這些基督徒做了一些非常重要的夢,夢見的卻是神道的聖殿和佛教的寺廟,這使他們感到非常奇怪。當然我從來沒有鼓勵他們退出基督教,或者鼓勵他們加入佛教。儘管在夢的分析過程中確實有這類事情發生,而我做的只是全身心地跟隨他們每個人的自性化[8]過程。說到與佛

教的關係，我和一個個案有過這樣一段經歷。他十九歲，非常害怕在別人面前臉紅，因此只能整天待在家裡。經過幾年的分析後，他的症狀消失了。當治療快要結束時，他做了這樣一個夢：

> 我窗外的花園裡有一尊睡臥的菩薩。
> 我透過窗戶向房裡窺視，一邊和屋裡的媽媽及兄弟說著話。現在，我必須獨自從屋裡走出去，而外面的世界卻沒有一個人值得信任。我害怕，但我必須要冒這個險。
> 這時，那個菩薩朝四周看了看，站起來，他活了！因為從我發現他存在的那一刻起，我就一直不信他，而現在他居然真的活了，我感到一陣輕鬆。屋外的人們雖然不說日語，但我會說一點朝鮮語，我想還能勉強應付一下。雖然菩薩沒和我說一句話，但我知道他會與我同行，我的母親和兄弟也鼓勵我跟他一起出去。既然我一個人出去極不安全，我只能抓住機會，盡量相信他，和他一起出去。臨行之前，菩薩教我一些朝鮮語的發音，很有意思，現在我們準備出發了。

這個夢是一個轉捩點，此後他斷然停止了治療。看來，如果菩薩跟他一起走，他就會有安全感。他以這種方式克服了外出的恐懼，獲得了內心的「伴侶」，而且居然結束了治療，這

令我深受震撼。尤其令人驚奇的是我和他都根本不信佛教，但菩薩卻在夢裡扮演了非常重要的角色。然而，如此深刻的體驗也沒有讓我產生任何去接觸佛教的衝動，可見我當時對佛教的抵觸是多麼地根深蒂固、牢不可破。

7、請別「治」我

在日本介紹榮格的心理治療時，如果我下車一張口就講夢的分析，就有可能被貼上「不科學」的標籤。於是我決定首先為大眾介紹沙遊療法，既然我們已經有了盆景（Bonkei）和小沙盒花園（Hako Niwa）的傳統，這種非語言的視覺交流果然很能讓人接受。通過沙盤幻燈片，觀眾能輕鬆地理解意象的直接功能。儘管我自己同時也做夢的分析，我還是決定鼓勵其他的臨床醫師先從沙遊治療做起。這個辦法很成功，沙遊治療現在已傳遍了日本。

開始時我沒有講解沙盤中出現的種種事物之象徵意義，也沒有提到曼陀羅，我把醫患關係的質量放在最優先的位置，也把個案表達的自由強調為有效治療的關鍵因素。

沙遊治療成功的報告日漸增多，人們開始要求我對這些個案做出解釋，於是我開始給他們講解沙盤中諸種事物的象徵意義，其中關於曼陀羅的事情最有趣。治療師們注意到，即使個

案和治療師事先都不知道這些象徵性的符號,但在治療最關鍵的時候,常常會出現一個包含重要意義的曼陀羅。從那時起,我開始講解曼陀羅,因為我相信治療師和其他人能在自己的實踐經驗中領悟到它的意義。

為了解釋這些東西,我研究過佛教密宗的曼陀羅,也聽取了專家們的相關講解。經過這番研究後,我對佛教象徵這門艱深學問的研究,達到了癡迷不已、渾然忘我的境界,這倒成了一個問題。

在一些人透過沙遊治療掌握了象徵和意象的意義之後,我就開始和他們探討夢的意義,這基本上沒有受到什麼抵觸。經過耐心而漫長的等待,講童話和神話的時機終於成熟了。為了這一天的到來,我可謂是用心良苦,費時甚久。

在心理治療中,根據個案的需要,我因人而異地用過許多方法:夢的分析、繪畫、沙盤,或是單純的談話治療。當個案的自我很脆弱時,他們容易受到無意識活動的影響,或者容易成為一個徹底而幼稚的「夢的信徒」,這時採用單純的談話治療更為合適。

儘管治療成功率急增,但是我所學到的許多東西卻來自於個案,這一點非常重要,因為作為一個在日本的榮格心理分析師,我找不到任何人可以求教。我向大家講一個我受教於個案的例子。

我為一個中年婦女做了一段時間的治療，我們相處得不太好，她的症狀也沒有減輕。我沒有向她推薦沙盤，因為我認為她不會接受這種「鬧著玩」的方法。但是有一天，我試著推薦了一下，想看看她究竟會做何反應，沒想到她居然在沙盤上玩起來了，而且比我想像的要投入得多。當時對她的沙盤，我什麼也沒說，然而，看著她做的方式和擺出來的圖案，我有一種感覺：「太好了！現在我可以治好她了！」

在接下來的那次治療中，我邀請她去做沙盤。她居然拒絕了！「為什麼呢？」我問她。

「我不想被治好，」她說：「我到這裡不是為了被治好。」

「那你為什麼來這裡？」我問。

「我為了來這裡而來這裡。」

真是「一語點醒夢中人」。現在，我認識到我不能「治好」別人，也不能將深度心理學的「理論」運用到個案身上。但是我們非常習慣於現代技術的思維方式：如果壞了，就修好它。我們容易沉迷於操作性和控制性的思維模式，「用沙遊治療來治好她」就是最為顯眼的例子。病人精確無誤地捕捉到了這種態度，而且拒絕「治好」。然而，當我繼續和她坐在一起，並沒有想去治好她時，她的症狀卻消失了。

兩個人同舟共濟是心理治療中最重要的事情。沒有誰是

「治療者」,誰是「被治者」。我想說的是,當兩個人在一起「存在」時,一個被稱為「治癒」的現象會經常作為一個附帶物而出現。這種現象理所當然地引起了我嚴肅的思考:此時治療師正在做些什麼?他充當了一個什麼樣的角色?這種思考最終使我認識到了佛教對我有著巨大的意義。我不是為了做心理治療而接受佛教理念的,相反地,我是在反思我的心理治療之效力時,才開始注意到佛教的教導已經在治療中發生了作用。

8、在日本找到老師

一個叫明惠(1173-1232)的僧人記下了他一輩子的夢。多年以來,朋友們一直建議我對這個日記做個研究,由於我不太喜歡佛教,因此遲遲沒有著手。但是有一天我不經意地翻了一下,居然就再也沒有放下來——它讓我留下了極為深刻的印象。這個僧人確實了不起!

就我的自性化過程而言,我遇到的老師都是西方人,遺憾的是,我從來沒有見過榮格,雖然他給我的精神支援最大。沒有一個老師來自日本,這一直令我深感遺憾;但是,當我讀到明惠的夢記時,我覺得我終於如願以償了。我如饑似渴地讀著他的傳記及關於他的各種文章,一種感覺越來越清晰——他就是我的日本老師!

在明惠的影響下，我開始閱讀佛經，對佛教也日益親近。我對佛教的理解越多，就越發現我的心理治療和佛經要解決的問題有著深刻的關聯。我讀過華嚴宗的主要經典《華嚴經》（在日本叫 Kegon Kyo），明惠就是這個宗派的。閱讀的後果之一就是昏昏欲睡。譬如，首先，世尊（也就是大日如來）出場了，眾神圍繞，一再稱頌；接著一一列出了二十個大菩薩的正式法號全稱；之後，一個又一個地介紹圍著他們的十大金剛；接續列出很多神的法號，一個跟著一個，一個接一個⋯⋯雖然我沒數過，恐怕差不多也有兩百個詳盡的名字，而且這些名字讀起來發音都非常相似。

最後，一個神會出來對佛讚頌一番，頌詞無休無止。我心不在焉地讀著這些頌詞，邊讀邊想，「弄這麼多東西幹嘛呢？」但此時我還只是不勝其煩，等我讀到那至為神聖的教導時，我就睡著了。

我糊塗了，我不知道尊敬的明惠上人讀到這些會有什麼反應，後來我想，很可能他沒有讀過這本經。僧人是不「讀」經的，他們誦經。當他們唱誦著那些冗長的經文，重複著那些雷同而高尚的法號時，意識的轉換就有可能由此產生。

《華嚴經》的內容表面上很簡單，就像是在說：「光、光、光，萬物閃爍，一切有光。」但是它的真「義」卻只有透過這種轉換後的意識才能「領會」。有些東西儘管難以捉摸，

難以用語言表達，但卻能透過這種唱誦非常確切地傳達出來。如果你問到底是什麼東西傳了出來，這幾乎無法作答，因為「道可道，非常道」。

非常奇怪的是，儘管大日如來坐在中間，但卻一言不發。《華嚴經》卷數繁多，但大日如來一字沒說。各位菩薩坐在大日如來的周圍，其中一位在講經佈道，同時接受著神聖的能量，大日如來不說話，齒間卻放出光芒。

我自己不會誦經，但我讀它就像唱誦一樣，讀了就睏，睏了又讀……，我覺得這和心理治療很相似。榮格對夢是嚴肅的，這意味著榮格看重超常意識所把握的真實，而且這種真實也確實與日常的真實世界不同。在榮格那裡，人們從西方的自我出發，然後進入夢的世界；而在《華嚴經》那裡，從一開始起就暈暈乎乎，恍入夢中了。

現代西方的自我是日常意識的自動化與精緻化，當它掌握了自然科學這個武器時，它似乎就有了稱霸世界的力量。佛教卻反其道而行，從完全相反的方向去界定意識，根本就不考慮效率或操縱的問題。這種意識雖然看上去百無一用，然而對於折磨現代自我的種種疾病，卻有妙手回春的功能。

我不是大日如來，齒間也不能放射光芒，但是我卻變得日漸沉默。以前聽人說夢，我總是去理解，去「解釋」。但是現在我很少這樣。夢是重要的，所以我要聽，而且現在更多的時

候,我只是聽。

明惠老師的教導,華嚴世界的魅力,使我對心理分析的態度有了轉變。我並不是說自己已經放棄榮格轉而師從明惠,他們都是我的老師。然而一些人可能會覺得奇怪,因為在他們看來,「榮格心理分析師」意味著只奉榮格一人為師。

對這種人而言,如果一個人只是聽夢而不拚命地去捕捉其中的原型,不做解釋而只是恍恍惚惚地待在那裡,那他就肯定不是一個榮格心理分析師。我肯定不是這種榮格分析師。但是,在那些以咬文嚼字為生命第一要義的人眼裡,我也不是佛教徒。

但是我覺得我是一個榮格分析師,為什麼這樣說呢?榮格分析師到底指什麼呢?

9、什麼是榮格分析師?

我認為當一個榮格分析師,就意味著有意識地、專注地觀察無意識中所升起的內容,並且以之為生活指南,走自己的自性化之路。為此,他必須掌握必需的基本知識和技術。由於每個人處理無意識的方法不同,不同的榮格分析師顯然就會有不同的特點和風格。如果人們發現他自己的自性化道路和榮格的不一樣,那他就應該刨根問底,為什麼會不一樣,是怎麼不一

樣的。自性化的過程自然會帶來個體差異，我們切不可忘了這個簡單卻重要的觀念。

如此看來，我應該算是個榮格分析師。當然，如果當一個榮格分析師就要奉他的思想為金科玉律，要伏首貼耳地遵從於他，那我就肯定不是。另一方面，如果作榮格分析師唯一要求就是要走自己的自性化道路，那也顯得太簡單草率，太輕鬆自在了。我認為只有這樣才算一個榮格分析師：為了避免自己觀點上的主觀隨意或是生活上的自我放縱，你選擇了榮格作為自我檢查的參照體系，去徹底地挑戰自己的信念和方法，並找到這種檢查和挑戰的積極意義。「榮格分析師」不是意味著盲從於榮格，而是意味著在面對榮格、在嚴格地比較你和他之道路的過程中，去探尋積極的意義。

儘管我是一個榮格分析師，但作為一個亞洲人，我的經驗自然會與榮格不同。因為我的意識方法不同於歐洲人，我和無意識的聯繫也不同於歐洲人。

如果我們強調自性化過程的個體差異，那麼選擇你自己的發展道路就行了，管它是叫榮格派還是佛洛伊德派。但是我們關注的是你的人格，對它而言選擇某一派別的思想有著實際而積極的意義，這是因為如果沒有一個框架去發展你的人格，你會容易迷失方向，或是容易陷入主觀臆想。選擇了一個派別，你就有了一個依託，當你檢查自己的生活道路時，你就有了一

個框架或參照。

另一方面,如果你完全委身於某個學派,你的自性化過程就會受到阻礙。學派的創始人有時就變成了宗教頭子,而他的理論則變成了宗教教條。選擇學派時應該記住學派是一把雙刃劍。

那麼,我屬不屬於佛教呢?佛教是一種極為寬容的宗教,尤其是傳播到日本之後,所以,我說我既是一個榮格派,又是一個佛教徒,看來沒有任何問題。當然,即使在佛教裡,嚴格地講,你也需要選擇一個宗派;但要待在一個宗派裡,就要遵守某種教條、儀式和方法,這是我遲遲沒有出家修行的原因。我有時覺得加入某派會阻礙或者有害於自性化的過程,因為這種宗派團體有反對現代自我(個人)的傾向,在日本尤為如此,因此,當你加入一個宗派團體時,一定要慎而又慎。儘管我能充分認識到現代西方自我的積極作用,但我確實反對把它看成是我們唯一的道路。像日本人那樣行事,還是像西方人那樣行事,這要看具體情況來定。我說過我非常尊敬明惠,把他尊為我的精神導師,但是他對自立山頭沒有興趣,對當時的宗教派別和繁文縟節也是敬而遠之。所以,儘管我說他是我的尊師,並不意味著我要加入他的宗派。獨行,才真正地遵從他的教誨。以此為標準,作他的「門徒」並不容易。

當我談到此類問題時,我不得不反覆強調「不能確切地說

我是這個、是那個」。或許我應該說我是一個「曖昧的」佛教徒。我確實對自己的曖昧充滿自信，這種自信來自於我三十年的心理分析實踐，來自於這三十年裡個案們給我的教育。以我的「曖昧」立場為基礎，我將繼續探討我與佛教相關的經歷。

備註
【1】　譬如，目幸默仙（Mokusen Miyuki）博士兼佛教徒和榮格心理分析師於一身，他和斯比格曼博士（J. Marvin Spiegelman）合著的《佛教與榮格心理學》（*Buddhism and Jungian Psychology*）（Phoenix, Ariz.: Falcon Press, 1985）對此有專門論述。
【2】　亨利・艾倫伯格（Ellenberger）：《發現無意識》（*The Discovery of the Unconscious*）（New York: Basic Books, 1970）。
【3】　艾倫伯格：《發現無意識》。
【4】　河合隼雄：《老人、小孩、男性、女性原型》（*Old, Young, Male, Female as Archetypes*）（Tokyo: Iwana shoten，1982）。
【5】　奧根・海瑞格（Eugen Herrigel）：《箭藝與禪心》（*Zen in The Art of Archery*）（New York: Pantheon Books, 1953）。編按：台灣心靈工坊於 2004 年出版中譯本，書名為「箭術與禪心」，2021 年重新出版，書名改為「箭藝與禪心」。
【6】　榮格：《佛教禪宗導論》序言，《榮格作品集》（1958 年），第二卷，537-557 頁。
【7】　艾瑞旭・諾伊曼：《意識的起源與歷史》。
【8】　編註：請參本書序，第 21 頁，註 2。

佛教與心理治療藝術 ──────── |第二章|
Buddhism and the Art of Psychotherapy

「十牛圖」和煉金術

我第一次看見「十牛圖」，是在美洲，在遙遠的美國。就像我在第一章裡所承認的那樣，我當時非常尷尬，因為我居然還不知道它來自東方。斯比格曼博士給我展示的這套圖，是日本十五世紀的畫家蘇奔（Shubun）根據廓庵（Kuo-an）[1]的思想所作，當時我深受震撼。

我當時幾乎排斥所有日本的東西，但對佛教的禪宗還是有些好感，對它頓悟的體驗更是情有獨鍾。我對頓悟有兩個反應：一、這種體驗多麼美妙！二、此種境界非我能及。毫無疑義地，無論我多麼努力，我都不可能頓悟。

儘管如此，看到「十牛圖」時，我還是非常激動，因為從圖上看來，頓悟有十個階段。我旋即讀了鈴木大拙的注釋[2]，才發現自己的觀點膚淺，因為頓悟並不如我想像的那樣，是按部就班地發展出來的。廓庵的「十牛圖」是對「頓悟」（Tongo）思想的圖解，而普明[3]畫的「十牛圖」與之相比，就更顯出新鮮而進步的品質。

我對這些畫的興趣從未中斷過。我讀過「十牛圖」的多種注釋，後來在京都大學教書時，我的同事——研究禪宗「牧牛」流派的專家上田閑照（Shizuteru Uedo）教授，又與我交流了很多深刻而有益的見解[4]。1982年，斯比格曼博士和目幸默仙博士（一位住在洛杉磯的日本籍榮格分析師）一起到了日本，專門舉辦一場「十牛圖」座談會。轉眼十多年過去，最

近為了準備這些演講，我又籌劃了一次「十牛圖」的座談會。這次，目幸博士和我有幸請到了一位知名的佛教學者——尾山雄一（Yuichi Kajiyama）博士。這兩場座談會使我受教良多，我稍後將會談到其中的一些內容。然而，必須澄清的是，我既不是研究這些畫的「學者」，也不是佛學的專家；相反地，我的專業是心理治療，我談的只是一些門外漢的個人感受。

1、「牧牛圖」

一些讀者可能非常熟悉這些圖，我在這裡就只簡單地勾勒一下此圖的背景。這一系列傳統圖畫要表現的是禪的修煉進階，我們可以把它叫做「十牛圖」，或者可以簡單地稱之為「牧牛圖」，因為牛不一定要有十頭。「十牛圖」的來源已不可考，但卻在中國和日本廣為流傳，版本頗多。譬如，普明的「牧牛圖」畫的是一頭黑牛慢慢變白的過程，而以「頓悟」理論為宗的廓庵版本就與之不同。根據尾山雄一博士的說法，西藏人有圖曰「牧象圖」，描述的是一頭象慢慢變白的過程。[5]

作為一個業餘愛好者，我將簡單談一下對廓庵頓悟式「牧牛圖」的看法，而把佛教內涵的闡釋交給鈴木大拙博士。第一張圖片是「尋牛」，一個牧童在草地上尋找什麼東西；接下來

圖 1　尋牛

圖 2　見蹤

圖 3　見牛

圖 4　得牛

圖 5　牧牛

圖 6　騎牛歸家

圖 7　忘牛存人

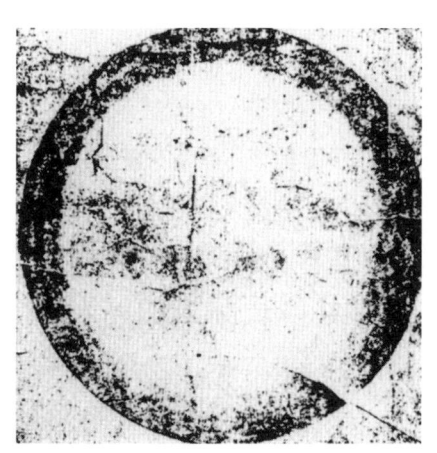

圖 8　人牛俱忘

圖 9　返本歸源　　　　　　　圖 10　入塵垂手

是「見蹤」；第三張是「見牛」；第四張是「得牛」；第五張是「牧牛」。這些圖片描述的是那個孤單的牧童在找牛，而後慢慢地將牛馴服的過程。

　　最後，我們都會問：「牛是什麼？」禪宗認為這牛是「自性」或是「真我」。但深入思量，我覺得這牛不可能是「真我」，我倒願意認為牛的意象是牧童和自性的關係在那一刻創造出來的。第一張圖是沒有牛的，但依我看來，自性卻已經存在了。那個牧童莫明其妙地覺得有什麼東西需要他去尋找，但是要找的東西卻又完全是模模糊糊、無形無狀的，於是對他來說，這種東西就表現成了「牛」：一種開始和他產生關係

的「存在」物。他就「抓」它,「趕」它,最後他發現不再需要管它了。在第六張圖裡,我們看見他「騎牛歸家」:吹著笛子,騎牛任行。這種態度和第五張裡「牧牛」顯出的態度截然不同。

正如上田閑照和柳田先生(Yanagita)所說的[6],最有意思的是,從第一張到第六張的過程是可逆的;也就是說,第六張裡吹笛的牧童可能認為牛走錯了路,於是他覺得應該牽著牛走,然後牛突然開始興奮,撒起野來。如此回溯,第一張就變成了結局,整個過程就顛倒了過來;也就是說無論你境界多高,不要忘了你都有可能會退轉回去。

從榮格派的角度來看這六張圖片,牧童和牛表示自我和自性之間的關係。第六張達到了頂點:自我跟著自性走,它完全放棄對自性的控制,自我吟唱著自己的感覺,世界一片寧靜。但這一系列的畫還象徵著更加深入的過程,在第七張「忘牛存人」裡,令人奇怪的是牛不見了!牛和人完全融為了一體。

這是一般流行的理解,但是我個人認為,這只是表明自性不再以牛的方式來顯現,它現在顯現於牧童四周整個環境之中。第一張和第七張都畫了一個牧童,然而,在第一張裡,他顯得茫然若失,第七張裡,周圍的一切都成了他「自性」的(榮格意義上的)顯現。廓庵給第二幅的題詞很有意思:「一切皆為真性。」接著又寫道,「他(牧童)渾然於善惡、真

假。萬物皆為自性。」第七張初看上去，好像是完全混融了自性的意象和真實的感覺。然而，你可以說這是一種被主體意識到了的混融，而第一幅畫中表現的卻是一種沒有被主體意識到的混融。第七幅畫是對本無區分或是天人合一的意識與覺悟。

比照一下第一張和第七張是很有意思的。由於它們表面上相似，因此處於第七張境界中的人可能顯得和第一張中的人一樣，好像沒有辨別能力或是恍恍惚惚的。而且如果一個人認為他自己處於第七張所說的境界，他可能會突然發現四處都有牛的蹤跡，或是頓覺茫然，不知身處何處，於是他又想去抓牛。

我之所以喜歡這套圖，是因為它每一張都能激發我們的想像。對我而言，它們能引發我對自己和個案作深入的思考。如果說從第六張到第七張是一個跳躍，那麼從第七張到第八張就是一個真正的飛躍。第一次看見這些圖時，這個飛躍對我的衝擊還歷歷在目。不知為什麼，我當時能預想到牛的消失，但人能不能消失呢？如果人消失了，那麼是誰在看著空空如也的圓框呢？我當時確實就是這樣想的。現在我能夠推想這種狀態的存在，但是，因為我從未體驗過這種狀態，所以我也不敢完全斷定。簡單地說，這是一種死亡的體驗，一種絕對虛無的體驗，一種人所能至的禪悟最高境界，因此到第十張圖，也就是最後一張圖，普明才描畫這種境界。我們認為廓庵的第九張和第十張很可能並不表示有更高的境界，上田閑照和柳田認為第

八張、第九張、第十張並不表示循序漸進的幾個階段,「它們的關係是相互滲透,即刻逆轉的」[7]。

第九張「返本還源」畫的是河水清流,老樹花開。上田閑照把第八張到第九張的轉變看成是:「死後復生。」這一點對禪者有點深奧,但我卻可以這樣解釋:既然後面的第十張表示人已經復活了,那在這兒人們就是體驗著「石頭的意識」和「植物的意識」,當然你也可以不稱之為「意識」。如果你能體驗第八張裡的「絕對的虛空」,就一定有可能體驗某種動物和植物的意識狀態。這雖然只是我的主觀臆測,但這種想法很有意思。

第十張畫「入鄽垂手」中出現了兩個人,上田閑照解釋:「老人經歷了各個發展階段,代表著自性,他碰到了這個牧童絕非偶然。這兩個人面面相對,表現的都是同一真我。」[8]兩人融為一體。然而,這種相融與「玫瑰園圖」第十幅中的兩人合一是不同的。

有意思的是,儘管他們兩個之間有距離,但他們卻是一體的。這意味著他們兩個可能出現諸如此類的對話:「你是誰?」「你從哪裡來?」等等;而且也有可能重新回到第一幅畫。第十幅畫看上去是結束,實際上又意味著向初始狀況回歸。

以上就是我對這套圖的看法。下面我要講的是作為一個心

理治療師,我對「十牛圖」的種種感受。

2、頓悟與領悟

普明的「牧牛圖」描畫的是一頭黑牛慢慢變成白牛的過程,牛在此過程中必須被馴服。這和廓庵的版本有很大的不同。普明的前九張牧牛圖的外框是方的,到了第十張結束時,外框變成圓形的能量圈;而廓庵的「十牛圖」從頭到尾都畫在圓框內。這種不同反映出了開悟過程中「頓悟」(廓庵)和「漸悟」(普明)兩種觀點的差異。

這些理論爭論是專家的事情,我們還是從心理治療的角度來看看這些畫吧。廓庵的第一幅描畫了這樣一個場景:牛跡全無,徹底失蹤,然而畫框卻是圓的,題詞是:「本無所失,何苦來尋。」這對應著我們的心理治療就是:當我們遇到一位迷失了自己,找不到任何治癒跡象的個案時,我們仍然要對他抱有希望。即使是我們認為他已經完全崩潰,絕無康復的可能,對我們來說,重要的是要抱持著「本無所失」的態度,而不要拚命地想著要一下子把他完全治好。

當然,我們必須認識到個案想要「失」而復得的東西,與我們認為「沒有丟失」的東西可能是不一樣的。如果你在最後能把醫患關係看成牧牛圖中的圓形畫框,知道一種能容納一切

的醫患關係是治療中最為重要的因素的話，那我認為你就真的把握住了治療的訣竅。

一天，來了一位年紀較大的婦女，她非常痛苦，因為她的兒媳「性格太差」。那時母親通常住在大兒子家，媳婦好好侍候婆婆是其本分。很有意思的是，婆婆當時認定這個媳婦，專門挑給兒子，兒子娶她不過是遵從母命而已，婚後媳婦的缺點暴露了出來。如果婆婆說得沒錯，那她就是一個十足的惡婦。婆婆現在痛苦萬分，不知所措。

這時，我突然想起一個古老的佛教故事「被牛牽到善光寺出家」（Ushini Hikarete, Zenkoji mairi）：有一個老婦人生性貪婪，不信佛教，有一天她在外面曬了一件好看的衣服，但被鄰居家的牛用牛角勾走了，她跟在牛後窮追不捨，不知不覺跑進了善光寺，她突然發現這是一個聖地，她就在那裡燒香拜佛，為她死後的去處祈禱。一個出於貪欲的行為，卻無意間喚醒了她內在的信仰。

老人一般都比較熟悉這個故事，於是我就對她說：「您的媳婦就是那頭善光牛。」她有些一頭霧水的樣子，我補充說：「妳對妳媳婦很生氣，然後跟著她跑，最後你會跑到善光寺的。」雖然她看上去還是不明就裡，但是她老是過來找我，每次都喋喋不休地嘮叨媳婦是如何惡劣，不停地悲歎著「我該怎麼辦呢？有什麼好的辦法嗎？」我的回答只有一句：「沒

有。」

她後來回憶當時的情景時說:「既然沒有什麼好辦法,所以每次我都想著『不要再來了』,但是每到這時我都會想起那個故事,於是我決定無論如何都要堅持下去。」在以後的治療中,她一直受著夢境指引。隨著對宗教世界的興趣日益濃厚,她開始為衰老和死亡做準備。其間她多次深陷絕望深淵,但是我們那個醫患關係的圓圈一直沒被破壞。剛開始,她只是想解決她和媳婦的關係問題,但是同時她也開始了對自性的追尋,而這是透過這個佛教故事來達成的,想來真有點玄妙。

她雖然長期受盡煎熬,多次想要退卻,最終卻一步一步地走入了宗教的殿堂,因此一些人會把這個過程叫做漸悟。但是我認為頓悟理論的關鍵在於,從一開始起,「開悟」的可能性就已經存在,儘管開悟的過程是累積漸進的。

與之相反,篤信漸悟的理論,日日堅持修行,開悟就會在某一刻突然出現。頓悟和漸悟並無天壤之別。誤解「頓悟」而忽視平日的必要努力,和迷於漸悟而陷入過多不必要的苦行,都是不對的。

儘管我沒有開悟的體驗,但是從心理治療中「領悟」的角度,作為一個業餘愛好者,我還是發表了自己關於開悟的觀點。當我開始從事治療時,我強烈地希望能碰到一個病人,他能體驗絕妙的「領悟」,並且因此立即擺脫痛苦的症狀。而在

此過程中,我希望我提供的「解釋」能發揮舉足輕重的作用。

當然,實際上我不能「給」病人任何東西,是病人自己在走著他或她的自性化之路。所謂的「領悟」可能是有幫助的,但是很少有病人能透過它而完全治癒;即使一個人有了領悟,康復的過程也並非一蹴而就。評論「十牛圖」時,我就說過,即使在開悟之後,還是有可能又重新回到迷茫的狀況。總而言之,我認為一個治療師應該從始至終對那個包容一切本無所失的圓圈深信不疑;否則,治療師就誤用「漸悟」之道,支使病人東奔西跑,做一些費力不討好的事情。

3、哲學家玫瑰園

榮格的《移情心理學》(*The Psychology of Transference*)中表現煉金術的「玫瑰園圖」[9],使我想起了「牧牛圖」。

「玫瑰園圖」源於煉金術。榮格注意到,此圖所描述的金屬變化過程,可以看成是人格轉化的象徵;他力圖從這些畫中找出治療師和病人的心靈轉化過程。「交合」是這一系列畫的主題,國王和皇后脫盡衣服,浸入水中,進行交媾,至死方休。然後,他們融為一體的靈魂飄升天國,淨化後,靈魂回歸,最後獲得新生,而這個新生是男女真正的結合。榮格認為,這種「交合」象徵著治療中治療師和病人都要體驗的自性

圖 11　噴泉

圖 12　國王和王后

圖 13　裸露

圖 14　浸浴

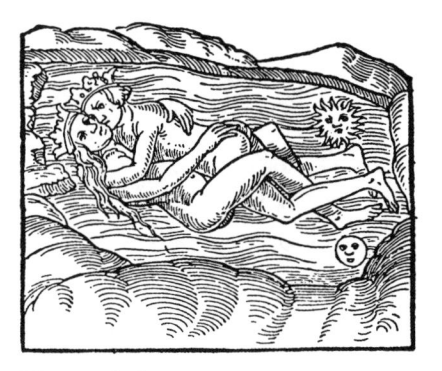

圖 15　交合

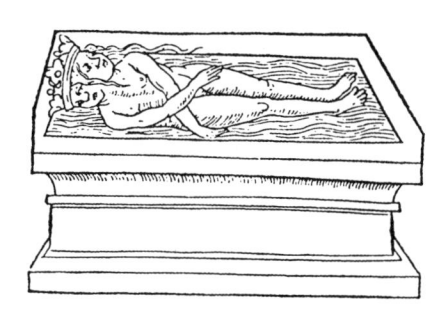

圖 16　死亡

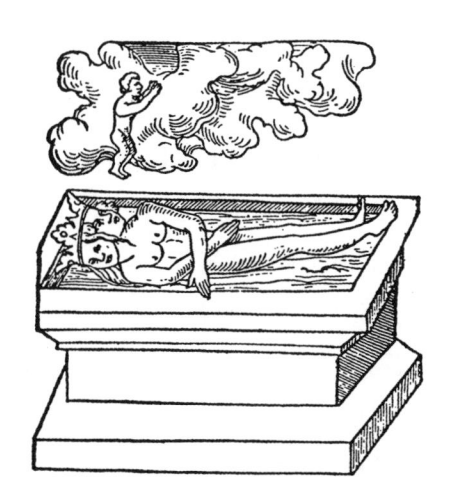

圖 17　靈魂升天

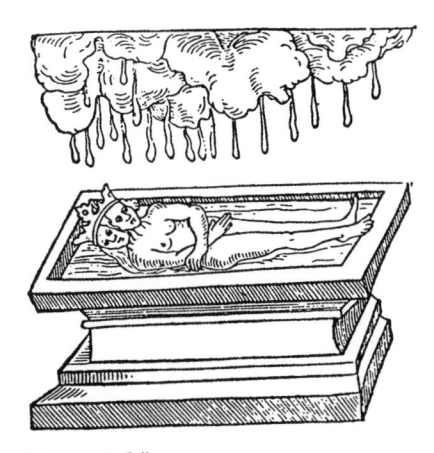

圖 18　淨化

圖 19　靈魂回歸

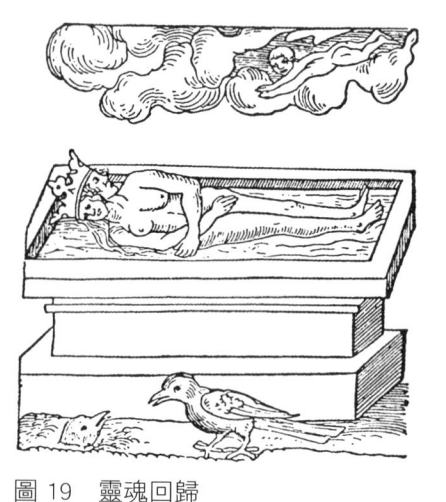

圖 20　新生

化過程。

　　雖然「玫瑰園圖」和「十牛圖」都用十幅畫來象徵自性化過程，但是兩者有著重大的區別。既然我一直都在東方和西方之間比來比去，這裡禁不住又要對這兩種圖做一番比較。馬文・斯比格曼博士在「十牛圖」的注解中，也討論過《哲學家玫瑰園》[10]，我基本上同意他的觀點。

　　在比較這兩種極不相同的圖畫之前，我把「玫瑰園圖」的標題和廓庵「十牛圖」的標題做了有趣的對照。結果如表（一）。

表（一）　兩圖之比較

廓庵圖號	廓庵圖名	玫瑰園圖名
NO.1	尋　牛	噴　泉
NO.2	見　蹤	國王和王后
NO.3	見　牛	裸　露
NO.4	得　牛	浸　浴
NO.5	牧　牛	交　合
NO.6	騎牛歸家	死　亡
NO.7	忘牛存人	靈魂升天
NO.8	人牛俱忘	淨　化
NO.9	返本歸源	靈魂回歸
NO.10	入鄽垂手	新　生

　　兩種圖差別如此之大，而呼應又如此切近，真是令人稱奇不已。尤其是第六圖的「死亡」和第八圖的「淨化」，都和牧牛圖有著明顯的對應關係。第六張牧牛圖「騎牛歸家」與「玫瑰園圖」的「死亡」都象徵著順應自然就會回歸塵土。我把牧牛圖的第八張稱為「死後復生」，而在「死後復生」時，存在一種「淨化」的體驗是很自然的事。

　　兩種來自完全不同的文化又自成體系的圖畫，竟然如此相似，這讓我深受震撼。我想它們神祕的相似性源於它們想表達的是同一個東西，那就是榮格所致力描寫的對自性的尋求。

　　我們不能直接展示自性本身，只能藉由意識中自性的意象加以表達，因此當不同的人從不同的意識角度去把握和表現自

性尋求的過程時，結果自然會相去甚遠。所以，對這兩種圖的比較，也就是對東、西方世界兩種意識方法的一般性比較。

不知道人們創造《哲學家玫瑰園》是出於何種意圖——是想記錄化學變化過程呢，還是想表現人格轉化的過程，或是兩者兼而有之。「十牛圖」就與之不同，它致力描述的就是禪修的開悟進階。

既然榮格把「玫瑰園圖」看成是以煉金術的方式來描寫的轉化過程，那麼他的自我自然就會落於圖畫之外。從旁觀者的角度，他把這些圖分析和解釋成了一個「無意識的過程」。相反地，在「十牛圖」中，作為自我的牧童是「十牛圖」的主人翁（也是觀看者）。它／他就在圖片之內。這是一個主要的差別：解釋者在現象之中。

更應該認識到的差別是，「十牛圖」中的「自我」與西方所說的「自我」不同。西方的自我能明確界定自身，還能將「無意識過程」以客體化的方式表達出來，儘管它實際上並非如此清晰。在「牧牛圖」中，主人翁／觀察者的意識是描述的對象，而且這種意識甚至還具有在中途消失的本性或傾向。為了更精微地考察這一現象，我想，把「自我」叫作「意識的層面」會更貼切些。我會在第三章中就此展開論述。

「玫瑰園圖」之所以能理解成煉金術，[11]給人印象最深的證明，是男女交合的意象被賦予了非凡的意義。這裡我們需

要關注的是意識自我的確立；要確立這樣一個自我，就使得從無意識層面來理解男女交合的意象非常有意義。如果所描畫的只是意識層面上雄性和雌性的結合，那就太稀鬆平常了，那只不過是與禽獸毫無二致的日常之事。如何看出男女交合是一種無意識的象徵呢？圖畫的排列順序可以提供一些線索。「交合」出現於第五張，而不是位於最後的第十張；「交合」之後接著就是死亡。在「十牛圖」中，牧童的態度從努力抓牛變成了忘牛，其中第五張牧牛的舉動似乎與「玫瑰園圖」的第五張「交合」相對應。另外可供印證的是，「玫瑰園圖」的最後一個階段不是以「交合」來表現，而是以「新生」為象徵。

我們看到西方的「玫瑰園圖」系列中有男女交合的畫面，然而我們不能不注意到「十牛圖」系列中，卻連女性形象都沒有出現過，這是一個重要的差別。我從很小起就喜歡讀童話故事，但是令我不解的是，許多童話裡——譬如格林童話——都以美滿的婚姻為結局，而在日本童話中卻鮮有此事，日本童話常常是破鏡重圓，有時還以悲劇告終。日本作品中的英雄經常在最後還是回復到以前的生活狀態；然而，他的經歷卻使他在意識上達到了渾然萬物的境界，就像「十牛圖」一樣：第一張是無牛，然後開始去尋牛，到了第七張還是無牛，但境界已經截然不同。

4、阿妮瑪形象

榮格認為男人靈魂的意象以女性的形象顯現（阿妮瑪〔Anima〕），他之所以得出這個結論，一方面是他在心理分析中看到很多男性的夢中經常出現典型的女性形象，另一方面這也是他深入研究西方古代神話和童話的結果。

我自己在日本也積累了豐富的分析經驗，同樣也在日本男人的夢中看到了典型的女性形象，把這些形象解釋為靈魂的意象是頗有意義的；但是榮格學派所熟知的阿妮瑪四個發展階段，在許多個案中卻沒有出現，而且在一些夢裡，女性的形象並非至關重要。但我並不由此認為日本人在自性化過程中還處於不成熟的階段；相反地，這表明日本人採取了另外的形式來表達自性化的過程，譬如，你可以把牧牛圖中的牛看成靈魂的意象。

在西方，阿妮瑪在絕大多數情況下表現為女性形象，這與西方人常把自我視為男性英雄形象有關。佛洛伊德把英雄與惡龍的搏鬥解釋為弒父情結，而諾伊曼卻把它看成是弒母的象徵[12]。弒母——也就是斬斷他與無意識母親的臍帶——而成了獨立的英雄之後，他又開始試圖建立與無意識深處的女性之聯繫，這時英雄與女性交合的意象就出現了，這個象徵極為重要。諾伊曼的這種構想看來清晰合理，女性的意義在此一目了

然。

　　下面是一個日本心理治療師（我以前的研究生）的夢。
[13]他有一個處於青春期的女個案，拒絕上學且患有皮膚炎，
她的父親也前來求治。他們三代同堂。治療師認為父親非常軟
弱，沒有找到「父親角色」的合適位置；並認為父親的這種軟
弱是日本數代同堂的家庭中的通病。雖然這位父親的病情正
在好轉，但治療師還是有點心灰意冷，因為這個父親還遠遠不
能成為一位他所期待的「強硬的父親」，這時治療師做了一個
夢：

　　他在建築工地上碰見兩條綠蛇，他意識到這兩條四腳巨蛇
是那位父親的寵物。當那位父親把其中一條展示給他看時，另
一條卻正兇神惡煞地盯著他，好像隨時都會蹦起來咬他，氣氛
非常緊張。這時，這個父親一邊控制著第一條巨蛇，一邊用棍
子將另一條引回籠子──險勢化解了。

　　以前治療師認為這個父親應該「強硬」一點，應該有斬
蛇屠龍的豪氣，但是在夢中這個父親並不「軟弱」，反而很厲
害。他並非簡單地將那條威脅治療師的蛇一斬了之，而是得心
應手地控制兩條巨蛇，「儼然有著大師的派頭：自信、堅定、
冷靜。他的精神高度集中，判斷極為敏銳，在千鈞一髮之際

救了我。」治療師繼續評論說：「我以前傲慢地認為他不夠資格做父親，但是現在，甚至連我都覺得已經受益於他的智慧了。」

這個個案讓我留下了極為深刻的印象。這個治療師，也就是我的學生，可能是受了我的影響，認為做父親就得要強硬——強硬得能夠斬蛇；他一直以做父親就要強硬為原則，費盡九牛二虎之力去指導他。但是這個夢卻啟示他，一個能用智慧去控制蛇的父親也不錯，於是，他認識到這位父親的智慧對他自己很有指導意義。

現在的問題是，這位父親的靈魂意象是以女性來代表的嗎？如果不說是順理成章的話，我覺得把那兩條巨蛇看成他靈魂的意象倒顯得非常貼切。或者，是否應像浪漫的德國作家霍夫曼（Hoffmann）的小說中所描述的那樣[14]，讓這兩條巨蛇化身為女人？最近我一直在想，牠們是蛇也好，變成女人也好，各有各的意義，不能說誰好誰壞。

阿妮瑪表現為女性，一定是受基督教浸染所致，因為榮格認為基督教是男性原則佔據優勢；但是，作為補償，在基督教文化中，女性的陰柔也漸漸為人們所發現，其早期的表現之一就是煉金術。因此煉金術中男性和女性的結合有著深刻的象徵意義，作為阿妮瑪意象出現的女性形象也被賦予了很高的價值。

現在讓我們來看一下女性在佛教中的位置。在佛陀傳法的早期佛教中，女性似乎根本不在考慮之內，當初所有受戒的信眾都是男性，他們一旦受戒，就得終生獨身。佛教重視戒律，首戒便是色戒，也就是不能與女性交合，受戒之後，就要學習如何才能達到涅槃，涅槃之道在於棄絕一切貪愛，而首先就是性愛。棄絕貪愛實在太難，於是才設定種種清規戒律。然而，儘管佛教特為男性所設，但這並不意味著佛教以男性原則為基礎。我在下面將詳細探討佛教中男女意識的情況，它與西方的男性原則絕大不同。

當大乘佛教在東亞興起時，母性原則更為明顯地成為佛教救世的基本原則。儘管它看上去幾乎是拒女人於門外，但它同時又頗為矛盾地依賴母性原則，因為它主張男女平等，受救平等；然而在俗世，男人的地位比女人高，為了解決這個矛盾，早期的人們提出了一個女性也可解脫的理論。於是當佛教傳到中國和日本後，母性原則就占了上風。

雖然在廓庵的「十牛圖」中沒有出現女性，但是從頭到尾它都以圓圈作為畫框。我認為這圓圈表示女性，表示接納。牛和牧童的故事就是在這樣一個不變的非個人之母性保護圈中演繹的，故事最後以老者和牧童共存於一圖之中而結束。所以儘管沒有女性的阿妮瑪出現，但女性並沒有被忽視。

雖然在佛教中女人的天性備受重視，但是要在佛教中找出

| 第二章 「十牛圖」和煉金術

一個女性，她與男性的關係有著西方文化中阿妮瑪似的浪漫，確實相當困難，「十牛圖」就是一個例子。同時也極少有僧人與女性意象或阿妮瑪有深層的聯繫，明惠卻是個例外，這正是我尊敬他的原因（我將另外討論他與阿妮瑪的關係）[15]。從十二世紀到十三世紀的日本歷史中，居然讓我挖出這樣一個罕見的僧人，我覺得非常幸福，然而更為重要的是，他的出現對心理學和宗教思想極有研究價值。

5、圓圈和直線

最後一張「牧牛圖」讓人留下了深刻的印象：一位老者和一個牧童面面相對。我不禁這樣想：牧童離開老者之後，又會回到第一張畫裡所描述的狀況。在我看來第十張和第一張是尾首相連的，整套畫就是如此周而復始以至無限。煉金術的最後一張是「新生」，好像也在暗示著後面還有什麼；但是和「牧牛圖」相比，它給人更多的印象還是：這是最後一張了。

說回諾伊曼，作為他的學生，我們發現，把自我的發展看成一個循序漸進的直線過程是很有幫助的。榮格認為，自性發展的過程是一個從陰影、阿妮瑪、阿尼姆斯等原型一直到自性原型循序發展的直線過程，而且阿妮瑪本身又劃分為幾個發展階段。

儘管如你所知，榮格的思想經常模稜兩可，而佛洛伊德的思想可謂稜角分明，但是仍有實驗心理學家說他不夠科學，並且提出了界定更加清晰的發展階段。這些界定能很有力地幫助我們判斷個案的發展是否「正常」，以及個案的發展「遲滯」到了何種程度，但是對我們應該採取何種治療方法，它卻束手無策，這叫雷聲大，雨點小。

就像我們已經說過的那樣，深度心理學是從「個體」開始的，它是關於某個個體在深入探索她或他自己的「靈魂」深處時，會發生何種狀況的一門學問。為了進行探索，我們需要學習傑出前輩的經驗。因為當我們注意淺層的意識時，我們至少還可以說一些界定清晰的東西；但是更進一步時，我們的精神深處就陡然出現雲山霧繞，十分模糊的景象。榮格認為集體無意識中充滿著各種原型，在那裡，小孩原型、母親原型、父親原型以及各式各樣的原型，從生到死，自始至終，都同時存在，毫無變化。因此在這個層次說什麼發展階段，簡直毫無意義。

瞭解一些關於發展階段的理論和例證，你就能知道個案的發展階段，並給予相應指導，但是情況並非總是這麼簡單。前面我已經提過一個治療師，他因為做了一個特別的夢，而修正了自己的治療方法。剛開始時他過分依賴諾伊曼「父親戰龍」的神話主題，如果他一直死守著這個理論不放的話，後來的治

療就不會那麼順利。

在治療病人時，我們對階段理論要進出自如，不為所困。佛教提供了一種不分階段的有效觀察方法。廓庵的第一張牧牛圖就有這樣的題詞：「本無所失，何苦找尋。」也就是說：「牛從來就沒有跑掉，沒有必要去尋找。」因此你可以說它的開頭和結尾是一樣的。如此一來，雖然圖畫從一到十按序排列，表面上好像是標誌著真實的發展階段，而實際上只是個方便法門，讓你有處可說；其實要展示整個過程，一幅畫可能就夠了。

現代人喜歡「進步」這個詞，時下人們還喜歡拖著這個詞到處吆喝。畫出一個關於「進步」的圖表，說進步會直線式地依次出現，人們就樂於接受這種邏輯。榮格在此處顯得非常靈活；而佛教乾脆就把它徹底打碎：世間沒有第一也沒有最後，沒有開始也沒有結束，法爾如是，渾然一體，真性不移。

《華嚴經》是佛經集子，其中的《十地經》描述了菩薩成佛的十個階段。前些時候我熱切地想從《十地經》獲得一些關於「發展的觀點」，但卻大失所望。譬如說，它的第一個階段叫「歡喜地」，菩薩此時的思想是這樣的：

轉離一切世間境界故生歡喜，
親近一切佛故生歡喜，

遠離凡夫地故生歡喜，
近智慧地故生歡喜，
永斷一切惡趣故生歡喜，
與一切為生作依止處故生歡喜，
見一切如來故生歡喜，
生佛境界中故生歡喜，
入一切菩薩平等性中故生歡喜，
遠離一切怖畏毛豎等事故生歡喜。

「故生歡喜」反覆地念叨著，可能會使一些人暈暈欲睡，但對我而言，真正讓我十分驚異的是，要達到第一地都要歷經幾百個階段，第一地好像都已經達到了斷難企及的最高狀態，但其後卻還有第二地、第三地等九地接踵而來，天知道這些後面的「地」到了何種田地。但就在那一刻，我突然想起它和「十牛圖」有相似之處，這樣我對「十地」就有了自己的理解。簡單說來，「十地」和「十牛圖」一樣，在開始階段它就已經無所不有了，它有著各種發展階段，同時又沒有任何階段可供發展。

《十地經》中描述了一個縹渺虛幻的境界，與日常的普通生活有著天壤之別。但是經過一番思考，我發現實際上「十地」世界和我多年從事的心理治療有幾多相似。我在治療中

遇到過「無可救藥」的青年、「臭名遠揚」的流氓，以及有過「犯罪」紀錄的人，但這只是日常淺層意識對他們的判斷。我要盡力探究的是他們內心最深處那包羅萬象、既變又不變的領域，而這就要克服「治病療傷」、「挽救失足」等理想觀念所表現出來的分別之心。當然，在治療過程中，變化發生在淺層與外表，我們應該對這部分予以重視和關注，然而我更多的精力卻是放在與發展變化無關的領域。以前我過多考慮和看重日程表式的發展變化，因此犯了不少錯誤，上面所說的態度是我在長期的臨床經驗中所獲得和培養出來的。

6、阿闍世情結

老人－小孩的主題和男性－女性的主題分別在「十牛圖」和「玫瑰園圖」中扮演著同等重要的角色。事實上，母親原型在「十牛圖」中已經出現，但終究只是背景，而下面我們要探討的阿闍世情結卻與母親原型直接相關。阿闍世情結是小澤平作（Heisaku Kozawa）提出來的，他曾接受佛洛伊德分析，後來成了日本的精神分析師。在分析結束後，他回到了日本，1931年寫了一篇文章〈兩種負罪意識〉（Two Kinds of Guilty Conscience）[16]。為了幫助日本人理解人類的靈魂，他在文中提出了「阿闍世情結」以補充佛洛伊德的「伊底帕斯情

結」。次年他將德文譯稿寄給佛洛伊德，可惜佛洛伊德沒有給予答覆。但是我認為小澤提出了一個很中肯的問題，對它加以討論將使我們對這兩種畫的比較研究更加深入。

佛洛伊德從希臘的悲劇中發現了「伊底帕斯情結」，而小澤也先講述了早期佛經中關於阿闍世王的傳說。然而不同的是，不知有意還是無意，小澤所講的傳說與佛經中的故事頗有出入：

韋提希王后是摩竭國國王頻婆娑羅的妻子，她擔心年老色衰又無子嗣會使自己失寵，於是求問於卜者，卜者說，宮後有一智者三年後會去世，並將投胎於她，成為一個光彩奪目、極為優秀的王子。王后覺得三年太久，於是叫人殺掉了智者。臨死之前，智者留下預言：「我確會投胎於你，但這個孩子會犯殺父之罪。」於是，阿闍世王子出世了，在他長大成人後，佛陀的敵人提婆達多將他的前生後世洩知於他，於是王子囚禁了國王頻婆娑羅，並欲將其餓死。但是王后為國王祕送飲食，使他倖免於難。王子得知後大為光火，想要謀殺王后，因有丞相苦諫而未能如願。結果王子身上膿腫，大病一場，並且日益惡化，最後佛陀出面救治了他。

小澤由此論說道，佛洛伊德所論定的伊底帕斯情結來自於

小孩的罪感,這罪感來自於弒父,而他提出的阿闍世情結也根植於小孩的罪感,但這罪感卻來自於得救。小澤認為這無辜小孩的「殺性」被「父母的自我犧牲精神」感化後,產生了他有生以來第一次的罪感。我們難以理解小澤所說的「父母的自我犧牲精神」指的是什麼,但根據他的學生小此木啟吾(Keigo Okonogi)所說[17],在這個故事裡,王子在病中受到了王后的照料,王后饒恕了他試圖謀殺自己的行為,而阿闍世也體會了母親的痛苦,原諒了她密救父親的事情。結果,無私的母愛使王后原諒了王子,但如小澤所說,母親的寬宏大量卻使阿闍世產生了負罪感。

在伊底帕斯情結中,父母－孩子的上下關係遭到破壞,代之而起的是以男－女關係面目出現的水平母－子關係;兒子弒父後產生了罪感。而在阿闍世那裡,父母－孩子的關係保留了下來,母－子關係成了焦點;兒子殺母未遂,母親的寬仁使他產生了罪感。在日本,母子的關係極為重要,在這裡表現為:兒子儘管沒有殺死母親,強烈的罪感卻橫梗於胸。

伊底帕斯故事背後是一位嚴懲一切罪惡的父神,而阿闍世的故事背後卻站著一位饒恕一切罪惡的母神。榮格的一個貢獻就在於他能從神話中看出眾多被啟動的原型,因而能超越個體層次的父母與孩子關係去解釋神話。在阿闍世的故事裡,母親是主角,但是在佛經的原版故事裡,母親的角色卻沒有如此重

要。《涅槃經》中的原版故事是這樣的：

> 殺死智者的是他的父親頻婆娑羅王，而不是他的母親韋提希。王子出生時，全國的卜者都說他會殺父；於是王后在生下他後，把他從一個很高的地方推下去，但是他沒有摔死，只是斷了一根手指。阿闍世長大後得知了這一切，便餓死他的父親，囚禁他的母親。他因餓死了父親而深深懊悔，因此發了高燒，高燒引起全身膿腫。年輕的國王覺得自己罪孽深重，當進地獄，非常害怕。此時，空中響起了他死去父親的聲音，鼓勵他去參見佛陀。於是，王子來到了佛前，佛陀對他說，他的父親累世敬佛，功德不淺，此世才身為國王，但卻因此招來了殺身之禍。佛陀安慰他說：「如果阿闍世犯了罪，諸佛也就犯了罪，而佛是從來不犯罪的，所以你也就沒有罪了。」

在原版的故事裡，阿闍世確實殺死了他的父親，而殺死智者的是他的父親，而不是王后。小澤所說母親為了繼續得寵而殺死智者的那個情節，佛經裡並沒有。在原版故事裡，先是智者和頻婆娑羅王的關係，接著便是頻婆娑羅王和阿闍世（智者的轉世）的關係，可見重要的是老人和年輕人之間的關係。而在小澤的版本裡，主要的情節卻變成了王后和阿闍世，也就是母親和兒子之間的關係。

這個故事到了小澤的學生——心理分析師小此木啟吾的手上，就更加變形了，他又添了一些花樣，說王子因為企圖加害母親而內疚，於是母親才在他身患膿腫時盡心照料：「在無聲的摯愛裡，她原諒了阿闍世，阿闍世對母親的痛苦感同身受，也諒解了母親。」[18]

我相信這些變化並非有意而為，另有所圖，而只是故事在日本人的精神世界裡產生了「文化轉換」。就像江戶時代，祕密的基督教徒在為人們講述聖經故事時，聖經故事也產生過日本式的轉換一樣。這一點我在其他地方討論過。[19]

那麼我們如何去理解這個變化呢？在佛經的原版故事裡，突出的只是男性，連拯救阿闍世的佛陀也是一位男性。然而，整個拯救的基礎卻是建立在母性原則之上：如果年輕的國王入了地獄，那佛陀也會隨之前往，這表明男性的劇情是在母性原則的背景上展開的。這看上去有點像「十牛圖」的情形。在「十牛圖」中，男性的故事也是在圓形畫框之內——即在母親原型的作用下展開的，當我們從個人的層面上來理解時，這種抽象的母性原則，就具化成了母子關係。

作為心理分析師的小澤和小此木啟吾就是在個人的層面上來理解這個故事的，結果原來的故事就被解釋成一個母親與孩子的故事[20]，我猜想這就是這種文化轉換之所以發生的原因。阿闍世情結是小澤提出的，佛洛伊德強調父子關係，他

則強調母子關係。榮格也與佛洛伊德不同，他也強調母性的重要；但是小澤停留在個體的層次，榮格卻深入到了原型的層次。

我們注意到在原版的阿闍世故事中，母性原則作為背景，處在支配地位上，但是故事的主要框架卻是男性的老人和青年的關係，這和「牧牛圖」的情形是一樣的。把握這一點，對理解中國－日本式的心靈很有意義，因為在中國人和日本人的心中，老人－青年原型比男性－女性關係更加重要。

在小澤所改編的故事中，我發現了一個耐人尋味、頗有意義的問題：王后殺死智者是為了留住丈夫的情愛，而不是為了早日體會母愛。從現在的眼光看來，為了博得丈夫的情愛而殺人是非常自私的。然而一個女人不僅有著崇高的母愛，而且還要考慮到她自己──她自我的情愛需要，儘管這看來是自私的，但從自性發展的角度來看，這卻是一個進步。或許小澤無意識地表達的，正是他對日本新式女性形象的期盼。實際上，我在治療過程中遇到許多女性都出語驚人地宣稱，如果不算是自私的話，她們更想按照男性原則來生活；而日本的男人卻反而受縛於母性原則。結果，她們的丈夫或父親顯得非常軟弱，以致有點招架不住她們。長此以往，日本人會把自己變成什麼樣子呢？

7、 現代女性畫的「牧牛圖」

　　我已經提及了一些現代日本女性的特徵，但是這只是很小一部分的女性，而不是所有婦女的傾向。在「牧牛圖」中沒有女性出現，而這些圖畫都為男性所作，其中有什麼關係嗎？眾所周知地，女禪師很早就出現了，但目前還沒有發現古代女性版的「牧牛圖」，我卻幸運地見到了一位現代日本女性[21]所作的一套「牧牛圖」。她有豐富的靜心經驗，也知道「牧牛圖」，不過她畫「牧牛圖」並非刻意要把自己「開悟」的體驗傳遞給別人，相反地，當她進入了自性化過程時，畫她自己的「牧牛圖」成了一種需要。她的「牧牛圖」共有十五張，三張序圖，兩張尾圖，中間的十張則和廓庵的相似；而我關注的是它和廓庵「牧牛圖」的差別。

　　細想一下，其實這件事情在日本只有女性才能做到，因為「牧牛圖」經過歷代禪宗大德的構思、描畫，日益完善，已成模式，後來的男性深陷於母性原則系統，很難有所創新。從這個角度看來，女性更有自由發揮的餘地。

　　另外，這位女士也明確表示她不想循規蹈矩，依樣畫葫蘆。她的標題便是：「尋找吧，找你自己的牛。」她的意思是：「我在找我的牛，你也要找你自己的牛。」也許古代的大德們當初也是這種想法，但時間久了，這些畫就成了模式，成

圖 21　老套路

圖 22　牛丟了

圖 23　找我的牛

圖 24　進入深山

圖 25　下到山谷 　　　　　　圖 26　湖影現牛

圖 27　崖邊奮力 　　　　　　圖 28　歸途全景

圖 29　騎牛任行

圖 30　放手的恐懼

圖 31　黎明

圖 32　處處是我家

第二章　「十牛圖」和煉金術

圖 33　激勵同伴　　　　　　　圖 34　舉杯歡慶

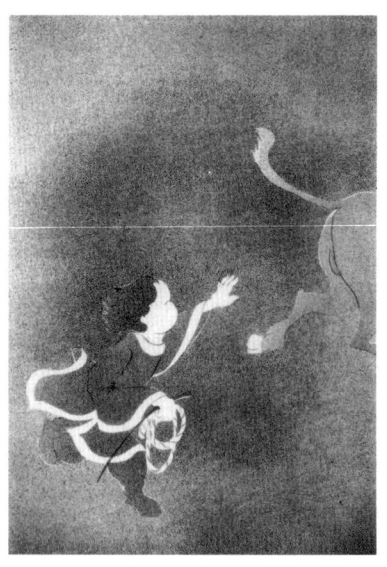

圖 35　找你自己的牛

了歷時悠久、保存完好的一種傳統。與此形成對照的，是這個現代女性卻要求別人：「努力尋找你自己的牛。」她說：「無論如何，這是我的牛，我將它畫出來給你看。」由此可見，她的畫確實具有現代意義。

第三張序圖讓我留下了非常深刻的印象：畫中的小孩正外出尋牛，但他實際上卻被一頭大牛包圍著，遠處，夕陽西斜。廓庵總把牛畫在圓圈之內，而她卻反其道而行，把圓圈畫在了牛之內。在廓庵的第十張圖中，牛消失了；在她的第十張正圖中，卻出現了兩頭牛，而且第二張尾圖中，又出現了一頭牛。在廓庵的畫裡，圓圈有重要的意義；而在這套現代畫中，焦點似乎轉移到了牛的身上。

對於自我實現或自性化，現代人傾向於把它看成一個以直線發展、趨於「圓滿」的過程，而廓庵卻以一個圓圈的意象來表現它。這套現代畫強調的是追求的過程，而不是圓滿的達成。無論是東方人還是西方人，現代人都不能再去期望著有個圓圈能提供保護。每個人都在他／她的路上尋找自己的牛，沒有什麼東西保證這個過程何時結束。

這個現代女性的畫是彩色的，而廓庵的畫卻是黑白的。禪者和其他人一樣，都認為水墨畫含七彩於黑白之內，無須增添其他顏色，但是第八張彩色畫流光溢彩，令我浮想聯翩：如果一個禪宗僧人將水墨畫內含著所有顏色的觀念放在一邊，他可

能會迷失於這位女士色彩繽紛的筆觸之間。僧人沒有接受過描畫阿妮瑪形象的訓練，或者說沒有訓練過用女人形象來代表男人靈魂，美麗而多彩的阿妮瑪形象可能會使他們眼花撩亂。也許這有點離題了。

在這一現代系列中，主角也是男孩而非女孩。我就此詢問過作者，「沒有什麼特別原因，我沒有辦法，圖像就這樣跳出來了。」她回答。可見，雖然「牧牛圖」的觀念到了現代有了不少變化，但老人－青年的主題看來還是有著重要的意義，而男性－女性的主題要萌芽，也並不容易。以她的畫為例，我覺得裡面的人物是雙性的，或者是不分性別的。

一個已經開悟的人去創造這樣一些畫，顯然毫無意義。這位女士從未暗示她已然開悟，雖然她知道男性禪宗大德畫過這些圖畫，但她要做的，卻是盡力去捕捉自己心中湧現具有重要意義的畫面，並敦促人們一個一個去「尋找自己的牛」。

8、天鵝的康復

雖然「牧牛圖」給了我深刻的印象，佛教的教義又使我受益良多，但是我仍然堅持認為阿妮瑪的形象應為女性，因為日本人的盲點可能就在這裡。正在困惑之時，我得知在世界的許多文化中，眾多天鵝少女的故事中有著許多浪漫的阿妮瑪

形象：天鵝從天而降，飄到了湖邊或池旁，化身為一個年輕女子，沐浴於水中，某個男子對她一見鍾情，跌宕起伏的情節便由此展開了。

我想考證的是這種故事是否出現在某種文化中。我在《風土記》中找到了一些天鵝少女的故事，《風土記》是西元八世紀佛教傳入前，一位皇帝欽定編纂關於各地歷史和傳說的集子，其中的一部分存留至今。但是歷史上由口頭流傳至今的所有故事和神話中，卻找不到天鵝少女的故事，看來天鵝少女的形象是因為佛教的影響而消失的。甚為可惜之餘，我到處搜尋著天鵝少女的故事，但是卻一無所獲，空手而歸。

正當我失望之時，我聽到了一個沙盤治療的個案報告，在那裡我終於找到了天鵝的形象。[22] 這張沙盤是一位身患嚴重哮喘的八歲女孩擺的，她的治療師看到她擺出的沙盤後，清晰地感覺到：「她要康復了！」

沙盤中有一個綠樹環繞的小池塘，小女孩說那是一眼泉水，三隻天鵝在其上振翅欲飛，泉水旁有一匹斑馬和一群野兔。鮮花在沙盤的四角盛開，右上角有兩個小女孩。她解釋道：「這是一片無人知曉的森林，泉水是『神泉』，疲憊的動物正朝這裡走來，人類拒絕他們，但這兩個小女孩卻會照顧牠們。所有的動物都能被泉水治好。」

一個因為心理原因患病的小孩被沙盤療法治好了，這是一

件令人感動的事情。她康復了，因為她在自己心靈的最深處發現了「神泉」。還是讓我們繼續講回到天鵝吧。我一看到這張沙盤圖案，就想到了佛教傳入後所消失的天鵝。牠們被日本人「拒絕」，牠們身心疲憊，但是並沒有就此滅絕。現在，在日本青年的內心深處，牠們開始康復了，也就是說，浪漫的阿妮瑪形象正被啟動。

你可能覺得有點奇怪，在展示了禪宗師傅們所畫的「牧牛圖」後，一個八歲女孩擺的沙盤居然還能使我如此激動。簡而言之，我想原因在於它表明了我的一個信念，那就是對我們當代日本人而言，「牧牛圖」和「玫瑰園圖」同樣重要。我在開始時講過，我不是按照佛教的教義來開展治療的，但是在日本從事治療後，我從「牧牛圖」中學到了很多東西；而在實際的治療中，我卻發現「玫瑰園圖」中所描述男性和女性的結合也非常重要，因為在那些畫中，個體的自我得到了尊重。

在這個沙盤中，「神泉」處於「無人知曉的森林」，也就是說處於大自然的偉大懷抱之中。當代的人們遠離自然到了這種程度，以至於只要重新回歸自然，他們就能恢復健康；但是如果過分強調自然，人的個性就會消磨，甚至消失。在下一章裡，我將從如何看待人與自然之關係的角度來討論人的個性問題。人是自然的一部分，但是實際上人卻已經危及到了自然本身的生存。解決這個衝突就是我們的任務。現代西方強調人，

東方總是強調自然，在這個沙盤裡，兩個小女孩甚至身處「無人知曉的森林」，用那裡的「神泉」救治著動物。「有兩個小孩在無人知曉的森林」，這有點自相矛盾，但是如果接受了這個矛盾，那麼自然和人就能和諧相處。還有一個有意思的現象是，在泉水邊的是兩個女孩，而不是在日本神話故事中經常出現的老人。

現代西方的自我以成熟年輕人的力量為驕傲，而東方卻以顯現老年人的智慧為豪，在廓庵的第十張圖中出現的就是一位老人。我擔心老人的智慧有點趨於冷酷，儘管那個身患哮喘的現代女孩表現出了對自然最大的尊重，但她還是選擇了女孩子們作為康復的仲介，而沒有選擇老者。也許沙盤上那三隻治好了的天鵝會變成久為人忘的天鵝少女，在很多人的身心康復中發揮重要作用。

人們也許會批評我的想像過於離譜，但是對我而言，這副沙盤在現代日本人心中就是一座橋梁，它溝通了「牧牛圖」和「玫瑰園圖」。以佛教為背景，一場嶄新的運動將從現代日本人的精神深處泉湧而出，我已經透過兩件作品指出了這場運動，對我而言這兩個人的作品是非常具有意義的：一個是新的「牧牛圖」，另一個就是表達天鵝業已康復的沙盤。我深信日本女性將在這場新的意識革命中發揮巨大的作用。

備註
【1】 廓庵是中國十二世紀的一位禪師。
【2】 鈴木大拙：《十牛圖：禪宗手冊》（*The Ten Oxherding Pictures: Manual of Zen Buddhism*）。
【3】 普明是一位中國禪師。普明的畫見於斯比格曼和目幸默仙合著的《佛教與榮格心理學》，第 104-108 頁。
【4】 上田閑照：《空與滿：大乘佛教中的空》（*Emptiness and Fullness: Sunyata in Mahayana Buddhism*），見《東方佛教》（*The Eastern Buddhist*）第十五期（1982年），第 4-7 頁。
【5】 尾山雄一：《西藏的十牛圖》（*On a Tibetab Version of Oxherding Pictures*），見於《佛教史研究》第七期（1958年）：第 58-62 頁。
【6】 見上田閑照和柳田聖山合著之《十牛圖》（*The Oxherding Pictures*）（東京：築摩書房 1982 年版）。
【7】 上田閑照，柳田聖山：《十牛圖》。
【8】 上田閑照，柳田聖山：《十牛圖》。
【9】 榮格：〈移情心理學〉，見於《榮格作品集》第十六卷之《心理治療實踐》（*The Practice of Psychotherapy*），第 16-323 頁。
【10】 馬文・斯比格曼：《禪宗牧牛圖：評論》（The Oxherding Pictures of Zen Buddhism: A Commentary），見於斯比格曼和目幸默仙合著的《佛教與榮格心理學》。
【11】 譯註：要理解成煉金術，就得把整個圖畫看成是一種無意識水平上的象徵，而不是對自我意識中真實生活的描述。
【12】 諾伊曼：《意識的起源與歷史》。
【13】 河原省吾：見須賀佐和子所編之《逃學》（*School Refusal*）（Kyoto, Japan: Jindun Shoin, 1994），第 21-54 頁中的〈奈澄和她的家庭〉。
【14】 E. T. A. 霍夫曼：見於 Carl Georg von Maassen 所編的《E. T. A. 豪夫曼作品集》（*Collected Works*）歷史評論版，第一卷之《金壺》（*The Golden Pot*），（德國萊比錫：慕尼黑大學，1912 年）。
【15】 河合隼雄：《佛教大師明惠上人：浮生如夢》（Venice, Calif.: Lapis Press, 1992）。
【16】 小澤平作：〈兩種負罪意識〉，見於《精神分析研究》第一卷，1954 年，第 5-9 頁。
【17】 小此木啟吾：〈從阿闍世情結看日本人的物件關係〉（Object Relations of the Japanese, in View of the Ajase Complex），見小此木啟吾的《永駐人間》（京都：中央公論社出版，1978 年），第 194-258 頁。

【18】 同上。
【19】 河合隼雄：〈聖經神話在日本的轉換〉（The Transformation of Biblical Myths in Japan）見於《第歐根尼》（Diogenes）第四十二卷（1994年），第49-66頁
【20】 譯註：佛陀拯救阿闍世所體現的母性原則，就變成了母親對孩子的寬容與摯愛。
【21】 Ma Satyam Savita：《尋找自己的牛》（*Search for Your Own Bull*）（京都，日本：禪文研究，1987年），英、日文對照。
【22】 此個案由 Kiyoshi Hiramatsu 提供。

| 第三章 |

我是什麼？

當你問自己「我是誰」時,我想你會輕鬆作答:「我是瓊的父親」,「我是瓦夫‧愛默生」等等,但對於「我是什麼?」,卻不好回答。

我把「**我**」用粗體字表示,是頗有用意的,它在這裡指的是作為一個整體存在的我。它包括我所有的東西:意識、無意識、身體,也許還有其他組成要素。無論如何,是「**我**」、是包含一切於自身的「**我**」站在這裡。因此,可以說這個「**我**」中充滿了許多我平素並不瞭解的東西。

正因如此,「**我**」還真是一個難解之謎;然而,我們平常在用這個「我」字時,都還以為它的意思完全是不言而喻、不證自明的。雖然「我」在日文和英文中的意義和用法確實有所差別,但在這兩種語言中,人們用「我」時,卻都沒有多少更深的思量,不明白它的複雜所在。然而,一旦你開始琢磨這個「**我**」,你就會越來越發現它難以捉摸。我曾在小時候聽過一個令人難忘的佛教故事:

一個路人碰巧在一間四處無人的小屋裡落宿。半夜,一個小妖精拖著一具屍體進到屋裡,很快地,又來了一個小妖精,兩個妖精都說屍體是自己的,雙方爭得面紅耳赤。最後,他們請出路人主持公道,「這屍體是先來的那個妖精的。」他建議道。第二個小妖精聞言大怒,扯斷了路人的胳膊,第一個小妖

精見狀就把那個死人的胳膊取下來，接在了路人的身上。第二個小妖怒氣沖沖地拉斷了他的另一支胳膊，第一個小妖精又把死人的另一支胳膊給路人接上。如此反覆，不久，路人的身體和那死人身體的各部分最後全都換了過來，兩個妖精也累得精疲力竭。於是，他們停止了爭吵，各自分吃半個屍體，走了。那個路人非常震驚，因為那身體明明是自己的，卻被當成屍體給分吃了，現在讓他困惑不解的是：那正活著的究竟是他自己還是別人？

對一個小孩來說，這故事很嚇人，同時也很幽默，所以我還記得，但也只能記到這裡，結尾怎麼也想不起來。最終，我不得不找人借閱此書，那時我自己已經能夠閱讀了。故事的結尾是這樣的：

路人極為煩惱，於是他去請教僧人。「身體不屬於你，這並不是什麼新鮮事，」僧人說：「人們的我是各種元素暫時組合而成的一個形體，愚人執於形體，遂致苦海無邊。如果你一旦了知我的真相，你的煩惱就會當下消散。」[1]

這些話我到現在都覺得精深玄妙，怪不得孩提時會毫無印象。無論你是否同意佛教的這個結論，我想你都能感受到，把

握和理解這個存在、這個我，還是相當困難的。

1、自我和我

當我去思考我為何物時，我已經受到了西方思維方式的影響。在我年輕時，思考和研究都只能依賴西方的方式，對於佛教的方式，人們從未加以考慮。對西方人來說，後一種方式聽起來很奇怪，但對一般日本人來說，卻毫不為怪。

在學生時代，我喜歡閱讀佛洛伊德的著作。後來隨著瞭解逐漸深入，我有了一個發現：英語中「自我」，是由佛洛伊德著作的德文原版中的「Ich」翻譯而來的。我覺得奇怪的是，佛洛伊德把「Ich」和「es」——也就是英文中的「I」和「it」（經常譯成「自我」〔ego〕和「本我」〔id〕[2]）——描述成人身上兩個獨立的部分。如果 I 和 it 是以這種方式分開的話，可不可能出現這種情況呢？譬如說當 I 在這裡說話的時候，it 卻在我日本的房子裡睡覺。一般來講，這是不可能的。I 和 it 總是在一起，我們把包含有 I 和 it 的存在稱為「我」。

然而，佛洛伊德卻將整體的我一分為二。在這裡應當記住的是，佛洛伊德深思熟慮地將其中的一半叫作「我」或「自我」，他的這個「Ich」（我或自我）很可能大致相當於現代人所說的我，也相當於笛卡兒「我思故我在」中的我。儘管佛

洛伊德用「我」來指稱的只是精神的一部分，但是他的貢獻卻在於闡明了自我總是受到本我的威脅。由此可見，他是多麼地看重作為整體的我之自我這一部分。因此儘管他指出了本我的重要性，但是他常被引用的話卻是「本我在哪裡，自我就應該在那裡」[3]。這清楚地表明他主要關注的還是 Ich、還是自我。

在佛洛伊德那個時代，歐洲人期盼著一個強有力的「我」，能夠建立起一個現代的歐洲文明，並且還能夠把這種文明傳播到全世界。令人讚歎的是，在這樣的環境中，榮格從他出道之日起，就能斷言自性的重要性，以對抗佛洛伊德所重視的自我。

當佛洛伊德的著作譯成英語時，他的 Ich 和 es 就被譯成了拉丁文中相對應的兩個詞：ego（自我）和 id（本我）。當思考人類精神時，這種譯法有利於我們將精神客觀化，如此，我們就能對精神進行「分析」，就能知道它的動力和結構，於是各種各樣的深度心理學紛紛湧現，對神經症的瞭解也隨之加深，這一切都可看成是心理學的進步。

同時，將 Ich 和 es 翻譯成自我和本我也造成了各式各樣的麻煩。佛洛伊德派的心理分析家布魯諾·貝特海姆（Bruno Bettelheim）最先開始對使用這些拉丁單詞[4]提出批評，他認為這些詞給人一種印象，好像心理分析家正在客觀地觀察病人

的精神,就如同生理醫生正在客觀地觀察病人的肉體一樣;但精神分析卻因此在美國流行起來,而這個翻譯方面的問題直到最近才開始引起注意。人們現在老是強調要盡力去控制病人,好像忘了心理分析原本是從自我,從自我分析起家的。

我在第一章裡指出過深度心理學起源於佛洛伊德和榮格的自我分析,它並不遵從於自然科學的法則。然而不幸的是,**自我**、**本我**等術語的使用,使人們錯誤地將深度心理學看成了自然科學的一個分支。

如果用一個「我」來表達所有關於我的東西,而不去區分自我、本我,不去區分榮格所說的自我和無意識,這樣會不會更加合適呢?把精神看成這樣的整體會更加準確些,但這卻會降低思考效率,因為如果任何東西都是「我」(I),心靈結構的探討就會寸步難行;把精神劃分一下,能提高思考效率卻又背離於事實;真是左右為難,非常棘手。

雖然把人類精神劃分為部分或是視為整體都有如上問題,但是把自我視同為我,還是非常清楚地反映出現代西方的思維模式。於是我開始關心這樣一個問題:與此相對照,對人類的精神,日本人是如何想的?佛教又有何見解呢?

2、我是觀音

對於中世紀的日本人是如何看待「我」的,我想講一個我最喜歡的故事。它來自於十二世紀所編的佛教神話集子《今昔物語》【5】。講故事之前,我想對那個時代的佛教故事先作個簡評。六世紀時,佛教傳到日本,並且迅速成了燎原之勢。然而由於普通民眾對它的教義、教規、儀式一無所知,人們不但不能對它進行深入的理解,反而依照自己的理解,把佛教和神道(日本的一種泛靈論的本土宗教)混融起來,佛教便借此漸漸地滲透到日本人民的日常生活之中。

日本僧人透過兩種方式來傳播佛教的價值觀念:一是講經佈道,二是宣講教化故事,故事有真有假。許多佛教故事在中世紀被收集起來,流傳至今。讀了這些故事以後,我覺得它們比佛經本身更能表現出日本人所接受的佛教的本質。令我頗為高興的是賓夕法尼亞大學的日本研究專家威廉・拉夫留(William LaFleur)教授也持此觀點【6】。我要講的故事,名為「在信濃(日本地名)參觀音的話頭,削髮為僧」(Wato Kannon In Shinano, Takint The Tonsure):

一個山村裡有一眼神泉,一天一個村民做了一個夢,夢見一個人對他說:「明天下午兩點,大慈大悲的觀音菩薩會到神

泉邊來。」他覺得很奇怪,便問那觀音是何長相。那個人說:「他是一個五十左右、騎著馬的武士。」接著詳細地描述了他的相貌。次日夢者將此事悉知村民。村民將神泉周圍打掃得乾乾淨淨,然後聚集在泉水邊敬候菩薩的光臨。兩點過了,觀音還沒有來。直到下午四點多,來了一個武士,和夢中所描述的人長得一模一樣。眾人見狀倒頭便拜。武士迷惑不解:「你們這是幹嘛?」一個僧人便把夢的神諭如此這般地告訴了他。武士解釋說,他之所以來這神泉,是因為他從馬上跌下來,摔傷了。諸人並不理會,繼續向他祈拜。武士說:「既然如此,那我一定就是觀音了。」說罷當場剃度。據說,後來他上了京都附近的比叡山(Mount. Hiei.),做了覺超禪師(Kaucho)的弟子。【7】

這個故事讓我印象最深的是,那個武士根據這個奇夢,就相信了「我一定是觀音」,並且就此做了僧人,卻忘了自己是一個五十歲左右的武士。套用笛卡兒的名言「我思故我在」,那他就是「他夢故我在」。

你可能認為我說得太離譜了,但榮格分析師總還會記得榮格晚年所做的一個夢吧:

我在遠足途中的一條山間小道上,極目四望,陽光燦爛,

風景如畫。路邊有一個小禮堂，禮堂的門微微地開著，我走了進去。令人奇怪的是，聖壇上沒有聖女的畫像，也沒有殉難的十字架，卻擺放著非常漂亮的花束。就在這時，我看見聖壇前面的地板上，正對著我有一個瑜珈師，他坐如蓮花，寂然入定。我走近一看，發現他長著我的面孔。我驚駭而醒，想道：「哈，他是一個正在觀想我的人，他做了夢，我就是他的夢。」我知道當他醒後，我就不存在了。[8]

由此看來，榮格也用了別人的夢來回答「我是什麼？」這個問題。榮格之所以存在，是因為瑜珈師正夢到他，因此，也算得上是「他夢故我在」。當然，榮格的情況和中世紀的日本武士有明顯的差別。在榮格那裡，是榮格自己夢見瑜伽師，正如榮格所說：「他長著我的面孔。」榮格評論說：「這個夢是一個寓言。」而在武士那裡，是別人夢見他，而他卻把別人的夢照單全收。榮格如此評價自己的夢：

以前我們認為自我意識產生的種種體驗是實實在在存在的，此夢的目的就是要糾正這種認識，它告訴我們從「另一面」看來，我們的無意識世界是真實的，而我們的意識世界卻不過是一場夢幻，我們所見到的所謂真實世界都是由一個特定的目標編織而成的，就像一場大夢，只要我們身在夢中，就會

覺得它是真的。這種世界的狀態很像東方所說的幻境。

這裡，榮格認識到他自己所做的夢與「東方的」觀念有所相似，由此我有了一個印象，榮格的我處於日本中世紀和西方現代的觀念之間。當代西方認為我就是自我，榮格對此表示懷疑，他從研究自我開始逐漸進入了精神深處。而在中世紀的日本，我並沒有把自身和別人區分開來，別人和自己混為一體；但是，現代的日本人，包括我自己，正在從我尋找更多的個性，正熱衷於人我的區分。在心理分析領域中，我碰到的全是持歐洲思考方式的人。

榮格的心理學博大精深，為了弄懂它，西方人一直試圖從自我的角度去理解；相反地，我觀察到，日本人或者亞洲人卻通常試圖從人我未分之前的存在本身去理解榮格。

3、夢中的我

當我們思考我的本質時，研究一下我在夢中的表現是很有價值的。研究範圍不僅包括自己夢中的我，也包括別人夢中的我，後者能給「我是什麼」這個問題帶來豐富而深刻的啟迪。

例如，在整個治療快結束的時候，有一個患有恐學症的中學生做了這樣一個夢：

我來到塞西（治療師）的住所，但是裡面悄無聲息，於是我繞到了房子後面，在後院裡，我看見人們圍坐成一個半圓形。他們看起來像石頭做的吉左（Jizo）菩薩（孩子的保護神），前排坐著小孩，後面是大人。細細一瞧，我看見在客廳裡也這樣坐著一些人。塞西躺在地上（這半圈人一半在光亮處，一半在黑暗中，給人一種強烈的印象）。我在後面大喊：「我在這裡。」或是「我準時來了。」但是毫無反應。不久，塞西站起來，力圖說什麼，卻沒有聲音，所有人又將他按倒，讓他繼續躺著。整個的場景看起來像佛陀涅槃。

這個個案把最後這個場景看作是治療師的死亡，也許他覺得兆頭不好，所以猶豫不決，吞吞吐吐，到最後才說出來。實際上，我在個案的夢中已經死過多次。在治療過程中，治療師和個案都會在夢中有「死和重生」的經歷，榮格派的分析師當然不會把它看成「惡運」。這種夢大多數都發生在治療快結束的時候，它不僅標誌著治療師形象的轉化，而且還意味著治療師本身的轉化，也就是說，這類夢意味著治療師的內心深處已經發生了轉化，或者將要發生轉化。

治療開始時的初夢之重要性往往為人津津樂道，其實治療結束時的夢之意義也非同凡響。以上的夢表明治療已經完成，治療師正在淡出，夢者也覺得治療行將結束。此時，我們都覺

得很有意思的事情是,儘管我們對佛教都毫無興趣,但佛教重要的意象——佛陀涅槃,卻在夢中出現了。

我沒有對此進行深思,我當時關心的焦點是,此夢標示著在他心中,治療師的形象發生了變化。但當我現在回顧此事時,我相信此夢也指涉了我當時的現實狀況,它正在向我昭示,佛教在我從事心理治療的道路上將產生如此重要的作用,儘管在意識層面,我當時還不能接受這樣的事實。我和個案都認為那些人一半在光明中、一半在黑暗中,圍著那個中心人物,是在處理那個中心人物的「陰影」問題。但是現在我明白了,此景指的可能是我的精神對於佛教還處於半意識的狀況。

在我自己的夢中,我的為人處事與清醒時判若兩人。還有些人做夢,甚至會夢見自己變成了別人,或者變成了動物、植物,甚至是無機物。有一個關於夢的古老故事,我在夢中就變成了動物。

有一個人,他養了很多的獵鷹和狗,以捕鳥為生,和妻子及三個孩子生活在一起。他漸漸地到了垂暮之年,有一天晚上,他感到不舒服,直到天亮時,他才睡著,而且做了一個夢。夢見他和家人都變成了野雞,在草地上幸福地生活著。突然,獵鷹俯衝,惡犬狂吠,獵人們猛撲過來。他的妻子和三個兒子,竟活生生地在他眼前被獵鷹啄死,其狀慘不忍睹。當他

自己死到臨頭時,他醒了過來。

他曾經捕殺過許多野雞,他想,所有的野雞當時一定也像他在夢中一樣悲痛欲絕。於是,他放走了所有的獵鷹和獵狗,哭著把這個夢告訴他的老婆和孩子,並隨即歸隱避世,削髮為僧。【9】

這只是故事大意,原文生動而詳細地描寫了他(也就是夢中的野雞)是如何驚恐萬分地看著妻子和孩子在他面前慘遭殺戮。能描寫到這種程度,表明夢者非常深刻地重溫了夢中野雞的悲傷。

這個故事的一個顯著特點是,在夢中,夢者變成了人以外的東西,並由此獲得了對野雞的共情(Empathy)。於是,我作為野雞在夢中的經歷,導致了我夢醒後的行為。現在,在我的心理分析實踐中,夢不同程度地影響實際生活的事情時有發生。在夢中變成動物當然是鳳毛麟角,但這種現象在日本確實存在;在歐美這種事情可能會少一些,但對此我並不肯定。

有時候你會看見自己在夢中做一些事情,譬如,看見自己正從高處掉下來;你也有可能非常清楚地經歷「重身」現象,也就是說,你可能碰見另外一個我。「重身」現象長期以來被看成是反常的。歌德及法國詩人繆塞都有此經歷,這種現象雖不多見,但也不算病態,而且對我們研究我來說,頗為有趣,

於是我決定去收集這樣的例子,並著之成文。恰在此時,我夢見了我的「重身」,夢雖然不長,卻給了我很大的衝擊。

我走在去精神病醫院的走廊上。這時我非常清楚地看見了自己,我穿著赭色的毛線衣(實際上就是我經常穿的那件)坐在那裡,好像在等著看病。我走過去,有一種非常奇怪的感覺:這應該是一個重身的夢!那個走著的我穿的是一件深藍色的毛線衣,這樣想著想著,就醒了過來。

「研究」重身的夢,聽起來多少有點像局外人在朝裡張望,但是自己做了這種夢,還看見「另一個自己」明顯地是一個病人,正在等著做檢查,卻令我深受震撼。走著的那個我是「治療師」,坐著的另一個我卻是病人,他們狹路相逢了。

阿道夫・古根博-克雷格(Adolph Guggenbuhl-Craig)在他的書《助人專業的力量》(Power in the Helping Professions)[10]中,討論了治癒者的原型。所有的原型都包括兩個對立面,如治療師與病人、治癒者與被治癒者。根據這種理論,他斷言這種對立面存在於治癒者原型之中。如果治療師無視治癒者原型的這個性質,把自己定義為「一個沒有任何毛病的健康人」的話,治癒者原型就會分裂:治療師就只是治療師,病人就只是病人。這種分裂會使治癒者原型失去功能,從而讓病人

痛失康復的良機。為了防止這種原型的分裂，治療師首先必須要認出他或她自身中存在的病人。因此，我在夢中既是醫生，又是病人，這對我從事心理治療可謂意味深長。

我一直很少意識到我自身中的「那個病人」，因此就在自己的夢中真的變成了病人。作為治療師的自我和作為病人的自我相遇了，這個重要經歷使我更深地意識到，此二者從根本上就是如影相隨的。因此對「我是誰？」我可以回答：「我是一個心理治療師。」但是對「我是什麼？」我只能說：「我是一個心理分析師，同時我也是一個病人。」一個夢能讓人在實際生活中產生如此的感受，真是美妙之極！

4、華嚴的世界

我已經說過，我既是治療師，也是病人。回顧一下我到目前為止所說過的夢，我也可以說我既是觀音，也是動物。在進行心理分析的過程中，我經常覺得我是塊石頭，或是一個病人、一尊觀音，反正不是一個治療師，這時的治療效果往往比較好，於是在治療過程中，我輕易地在各種角色中變換。此時，如果你問我：「我是什麼？」我真的不知該如何作答。

當我醉心於以上心得時，《華嚴經》向我展示了另一個世界。如我所說，這本經很難讀，我只是半夢半醒、浮光掠影地

不斷去讀它。有時連每句話的意思及其相互關係都沒有領會，但我卻感覺進入了光的海洋，我如飲甘露，陶醉不已。有時，你會碰到一些莫名其妙的字，譬如「諸行空無實；凡夫謂真諦；一切無自性（Self-nature）；皆悉等虛空」之類，你就恍恍惚惚、若無其事地跳過去，勇往直前就是了。

「性空」是《華嚴經》的重要教義。而我直到現在都還在不斷追問：「我是什麼？」根據《華嚴經》，我的本質、我的獨特本性是無，它根本就不存在，因此這個問題沒有意義。此種觀點非常基進。

我越讀《華嚴經》越覺得它不同凡響，但我有點不知所措，因為它非常晦澀，極難掌握。儘管我不贊同「我的獨特本質」不存在的說法，但我已經開始覺得我的本質十分渺小，不過滄海一粟爾爾。這時，我幸運地找到了一篇關於《華嚴經》的英語文章，作者是日本哲學家井筒俊彥（Izutsu Toshihiko）[11]，多虧了他，我才能簡短地介紹此經的主要思想。

此經稱日常的世界為「事法界」，我們平常把一切分成兩個獨立的部分 A 和 B 時，所體驗到的世界就是「事法界」。A 有自己的特質，B 也有自己的特質，A 和 B 就這樣被截然分開，絕不相融。如果超越現象界的邊界，我們就能看到一個不同的世界。打掉二分的邊界不僅是**華嚴**（Kegon）的特點，也是一般的佛教以及其他東方哲學的特點。「日常世界細微而無

盡的差別,當下消失於沒有分別的廣大虛空之中。」[12]華嚴稱這個世界為「理法界」。

這裡,事物間的差別消失了,因此事物自己的本質也泯滅了。佛教的禪宗稱之為「無」或「空」,《華嚴經》名之為「真空」,一切事物「無自性」(not-self-nature)。「空」、「無」諸種術語並不是說世界空無一物,而是指世界包含「存在」的無盡可能性。理法界的「空」寓「有」、「無」二元於一身。

井筒俊彥博士認為要體驗「空」的存在,就要清空存在,也就是要清空那個正在觀察著外物的意識。簡而言之,必須清空我們平日的意識,那個老是想去看出差別、區分彼此的意識。「這是首要條件,體驗空的存在就要有『空』的意識。」[13]理法界本性絕對虛空,故而潛蘊無限可能,生現種種無盡之色相,即生現出我們所說的真實世界,這就是所謂理攝事相。這種空理生現色事在華嚴哲學裡叫做「性起」,性起中最重要之處在於它是完全的顯現。也就是說,空(理)舉體外顯於色(事)。同時事事皆具全理,一事皆具全理。甚至小如田野之花,微如浮塵之斑,都完整地體現了這活生生的能量。

現象界有種種分別,事事獨立無涉。但一旦看出種種分別之前或種種分別之下的空性,我們就能完全毫無區分地看待這個世界。一切都存在於理中,「一切皆由性起」。井筒俊彥博

士評論道：

> 理透於事，毫無滯留，是以事外無理。反之亦是：事盡顯理，毫無滯留，是以理外無事。理事相融，湛然無為。華嚴哲學稱之為：「理事無礙」。[14]

我們已經講了華嚴哲學中的重要概念：事法界、理法界、理事無礙法界，現在我將介紹一個最為完滿和簡潔的表達——「事事無礙」，它直指華嚴存在哲學之最深內核。

5、緣起

我已經說過理總是完全體現在外表形式中。每一種形式是不同的存在，理是它們絕對不可區分的那種狀態，也就是說存在著分離的諸種事物 A、B、C，但他們都沒有自性。這可能嗎？華嚴以兩種方式回答了這個問題。

作為準備，我將先介紹華嚴哲學中關於「總相」的思想。假設有現象 A、B 和 C，他們本身並無自性，但他們卻相互關聯。現象 A 之所以是 A，是由它與 B 和 C 以及其他現象的關係所決定的。一切事物都處於普遍的關聯之中，考察其中的任何一個都不能離開它與整體的關係。

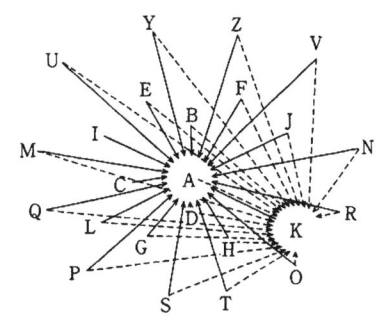

圖 36　井筒俊彥的緣起示意

　　井筒俊彥博士已經借助圖表的視覺方式對此有過很好的表達，然而他力圖表達的是所有實體在一剎那間相互關係的靜止結構。而當一個事物在時空中運動時，所有事物與它的關係是會產生變化的。儘管 A 沒有自性，但 A 之所以是 A，是由它與其他一切事物的關係決定的。簡而言之，A 的內在結構以隱含或「弱勢」的方式包融萬有。透過這種關係，A 就是 A，而不是 B 或 C。

　　單個實體之下都有整個宇宙支撐，絕對沒有任何東西是作為個體自存自在的。萬有持續且同時展現自己，合之而成為一個整體，華嚴哲學把這個本體論意義上的真實稱為「緣起」（interdependent origination）。性起和緣起是華嚴思想的關鍵概念，龍樹菩薩云：「見緣起者，必見真空。」由於沒有「個體」能單獨存在，所以它的存在是由它自己之外的其他所有事物支撐。諸種事相之下，有一個不可分割的理存在──此即事

事無礙。

　　緣起的思維方式，其本質與亞里斯多德的概念模式完全不同，後者用因果來解釋現象間的關係。現代科學以因果觀點看待現象，已被證明是極為有效的，但用這種思維習慣來解釋人為的現象時，卻也導致了許多現代問題，這正是我們需要反思的。從緣起的立場去看這些問題很有價值，榮格的共時性概念就屬於緣起的思維模式。

　　另一種思想，是以「主伴」為比喻的存在論，它可以用來解釋事事無礙。假設有三個不同的實體 A、B、C，根據華嚴的思想，他們各自卻是由無數相同的本體性因素 a、b、c、d、e、f、g 等等組成的。用語義學的話說，就是能指總是所有這些相同的因素（a、b、c、……），而所指卻各不同，如 A、B、C，這有點匪夷所思了。為此，華嚴宗從「強勢」和「弱勢」的角度對它進行了解釋。「強勢」指稱積極的、明白的、自我肯定的、控制性的因素；「弱勢」指的是其反面，也就是那些消極的、隱晦的、自我否定的、服從性的因素。在無數的因素中，只要一個──a、l 或者 x──成了「強勢的」，那麼其他的因素就被看成是「弱勢的」。於是，A、L 或 X 在日常意義上，就成了不同的事物。這就是「主伴」的本體論。在任何時候，強勢的因素並不固定為哪一個；它隨整體和時間的變化而變化。

如上所釋，A、B、C被視為不同之物，但是這不同只是取決於包括強勢因素、弱勢因素在內的構成因素之間的關係，當你全神貫注於這些構成因素時，就會進入萬物合一的深定之中，此即事事無礙。在平常的生活中，顯現的只有「強勢的」因素，因此人類便被事物之間的差別牽制、左右。這就意味著儘管「弱勢的」因素，譬如說A物的深層結構之本質性因素，支撐著A物的顯現，但我們對它卻一無所知。

以上對事事無礙的介紹和瞭解固然只是一鱗半爪，但對我們加深對我的理解卻已助益良多。

6、意識的水平

按照華嚴的理論，我從根本上講就是空的；我的自性與真實的品質不存在於自身。而且，我不僅是別的人類，我同樣也是動物、植物，以及其他所有的有機物和無機物。但是，為了能夠體驗到存在的這種空性，就必須空掉主體的意識，而這就深深地涉及到了人類意識的性質。於是在思考我時，意識便成了關注的焦點。

很早以來，佛教徒就對人類的意識有了興趣。他們以靜心為訓練方式，對意識的變化進行了綿密的自我觀察。不僅華嚴宗如此，佛教的其他宗派，以及道教、薩滿教，實際上，東

亞、東南亞的所有宗教莫不如此。

在日常的意識中，重要的是區分事物以用於實際，更加完善、更加精確的區分就產生了科學。自然科學要求不斷提高日常意識的精度、純度，這種提高促進了自然科學和技術的不斷發展。現在人類對環境的操縱幾乎達到了隨心所欲的地步。

佛教則從另一個方向來提純我們的意識，它的方向是否定意識的分別，說得具象一點，可以說它是要逐漸地降低意識的水平，或是漸漸地消除我們的分別之心。當意識水平降到極低，也就是當意識空掉之時，以上所說的華嚴經世界就會呈現眼前。你也許會說降到低水平的意識就是「無意識」，但是，正像榮格所說，「無意識的特點是不能被意識到」，因此所謂的「無意識」，只要你還能說它，實際上還是意識。現代西方非常看重自我，以至於把自我當成了「我」。由於現代西方的自我不能理解和意識到這種「較低的」意識，所以我猜想，亞洲人不可能把這個「較低的」意識叫做「意識」，他們只好牽就西方人，勉為其難地稱它為「無意識」。

對於這種意識水平的降低，有一點極微重要，我們必須牢記於心，那就是它的降低並不必然意味著意識的判斷力、注意力、觀察力等其他能力的降低。現代西方不能理解這點，他們過分強調自我，遂至將所有種類的意識水平下降視為「反常」或「病態」。榮格曾經竭盡全力去糾正這種觀念。從一開始他

就指出，這種退轉，不光只有病態的一面，而且還有建設性和創造性的功能。後來他在自傳中描寫了他「面臨無意識的體驗」，那確實是一個很好的例子：意識水平下降了，但判斷、注意、觀察等所有能力卻正常發揮。他所發明的積極想像技術，被看成是建設性地降低意識水平的有效方法之一。

　　榮格將精神的深層區分為「個人無意識」和「集體無意識」。用佛教的話來說，它們代表的是意識層次的逐漸深化。榮格沒有提到「空」這一層意識，然而，他說過「精神是世界的支點。」[15]這可以看作是對空或混沌這一最終狀態的西方式描述。對「空」的意識，東方和榮格所用的術語出現如此鴻溝，我想原因是榮格一方面想保住其作為一個「心理學家」的地位，而另一方面又力圖去接近這個「空」。進而言之，從根本上講，「自我」還是榮格研究的主線。我想起了榮格經常做出這樣的提醒，作為一個心理學家，他不談上帝本身，他只談人們靈魂中上帝的意象。榮格的工作受到了「心理學家」的限制，他只思考和描述那些能被自我把握的東西，然後仍從自我意識的角度來加以表達，所以他談的就只能是相對於自我意識而言的「個人無意識」和「集體無意識」。

　　而佛教則一開始就超出了這種狀況，其認識直達「空的意識」或「意識的混沌狀態」，這樣就是從意識的另一面，而不是從自我的角度來描述意識。為了降低意識的水平，佛教發展

出了各種各樣的靜心和念經的方法，但同時又要求對注意力和觀察力保持完全的覺知。許多經文記錄了他們勤修苦煉的甚深成就。正因如此，以禪修為例，禪者以達到「空的意識」為鵠的，而拒絕進入所謂自我意識的「中間地帶」；而榮格的心理學，在我看來是聚焦於修禪者要跳過去的那個「中間地帶」的種種意象，然後從自我的角度對這些意象加以解釋。

在弄清榮格和佛教關鍵性的差異之後，我想討論一下我在心理治療方面的觀點和實踐。由於我是一個受過訓練的榮格派分析師，所以一般來說，我相信我是接受榮格的思想的。另外我想澄清的是，我從來沒有體驗過所謂的「空的意識」，也並不認為為此我就得去修禪。但不管如何，由於日益親近佛教，我的自我發生了變化，對佛教產生了不由自主的關注。在開展心理治療時，雖然我遵從於榮格思想的指導，但是我的自我很可能仍然與西方人不同。就像我在講述華嚴思想所描述的那樣，日本人的自我比西方人沉浸在「萬事萬物之中」更多。我先得把自己看成是活在緣起世界的一個存在，然後才能聲稱我的自我是獨立而完整的。坦率地講，當我看到那些榮格派的分析師分析這個、解釋那個時，我就想對他們說「一切皆空」啊，儘管我並沒有真正參透這句話。這種模模糊糊地處於東、西方之間的生活方式，使我在日本的心理治療取得了許多出色的成果。但是我正在做的不一定只在日本有效，我希望它也能

在一定程度上幫助其他文化領域中的人們。因為現在是文化碰撞的年代，已經沒有人能安安穩穩地躺在自己本土的傳統文化上酣然入睡了。

7、什麼是個體性

每個人都會認為自己獨步古今，與眾不同。其實如此高估個人之價值，是從現代西方才開始的，發展個體性（individuality）也是從那時起才成為一件了不得的事情。現代的日本人也認同了這一外來觀念。由於我們一直在討論關於我的問題，所以在這裡，我想再問一次：個人的獨特性在哪裡？

我想，從根本上來說，當你用英語中的「**個體性**」（individuality）這個詞來表達每個人的獨特性時，你就已經不知不覺地為現代歐洲的個人主義觀念所影響了。所以，我用「**個體性**」來代表個人主義的理念，借用「**個別性**」（eachness）（或者是「**自己**」〔selfness〕）【16】來代表佛教的理念，透過對這兩個詞的辨析來比較一下個人主義和佛教理論對人的假設之異同。

「**個人的**」（individual）這個詞是**分割**（divide）的否定形式，表示「不能分割」，它是所能分割的最小實體，你不能再分割它了。一個個人就是這樣一個不能再分的東西。分

割是一個表動作的動詞。現在我希望你還記得榮格的意識層次說，這樣你就能明白西方是如何強調和完善意識的「區分（dividing）功能」。形成鮮明對照的，是在佛教的文化中，人們努力地去提升意識，卻是要消除人的「區分」之心，也就是說人們孜孜以求的是渾然萬物，難得糊塗。因此佛教中所講的獨特性，一定和西方的個性觀念不同，它不能用「**個體性**」這個單詞來表達。

現代個體性的首要前提就是要建立一個自我。青年期的自我以獨立、主動、完整的形式存在，而成年期的到來則意味著你已經建立了自我身分感。以這種方式建立的自我，在追求自己的欲望、聽從自己的判斷、擔負自己責任的過程中，將會發展出自己的個體性。與之相比，榮格所提出的自性化（個體化）過程具有著劃時代的意義。然而，榮格也強調了建立一個強大的自我之重要性，認為它是自性化的前提。因此，很清楚地，西方的教育從小要培養的就是一個獨立的自我。

在佛教裡，華嚴思想闡述得極為精妙，人是存在於關係之中的。當你抽走關係，一個人就失去了「自性」，就不存在了。沒有「自性」，他還有什麼個別性呢？根據我們已經探討過的性起說和緣起說，如果你要尊重自己的個別性，那就要在沉思自己的「獨立性」之前，先意識到別人的存在。這肯定會被個人主義的觀點看成是一種外求於人的、依賴性很強的態

度,而加以批判,更甚者會認為這會導致「相互依賴」的可怕狀態。實際上,在這樣的關係中,人們確實能實現自己的個別性,但這裡我想請你注意的是,這種觀點所反映出來與西方不同的思考方式。

當我們對日常生活進行反思時,我們也會發現東、西方個性思想的差異。譬如,在日本稱呼「第一人稱單數」,就有許多方式,場合不同、關係不同,稱呼就會不一樣,人們可以做得非常自然。同樣是「我」,在家中用這個詞,與同齡的朋友則用另一個詞,在公共場合中又使用另外一個詞。這些詞可以折射出彼此的關係。第二人稱在不同的場合也有不同的表達方法。當然,德語是用「sie」和「du」稱呼另一個人;而英語是用代名詞「你」或直呼其名。但我想在西方今天的語言中,找不出一種語言,可以用那麼多方式來說「我」。

建立在個人主義上的個人,對自己的存在有著非常清晰的認識,那沒有建立在個人主義之上的個人,是否就會過於模糊而沒有什麼價值呢?依我之見,東方、西方各有千秋。我想說的是,佛教總是注意到個別與整體的關係,但是有一點不能忘了,沒有個體的單獨性與主動性,就談不上什麼積極的「自性」。

現在,我想用「主人和僕人」的理論來驗證一下兩者是否真的各有千秋。假設「我」是由 a、b、c 等無數的因素構

成的,其中,因素 b、f、k 是使我表現出「我的」個性的「強勢」因素。因此,如果我積極地發揮這些因素的作用,就可能鶴立雞群,控制他人;但是這樣過生活,我可能到死都不能覺察到我身上還有著無數其他的「弱勢」因素。然而,要讓我的個性完全而充分地表現出來,我就必須遠離塵囂,虛心以待。當「弱勢」因素活躍起來時,一個以前未曾瞭解的不同個別性就會自動湧現。那種體驗將是何等神奇、何等美妙,與自己努力去創造出的個人本質又是何等地不同。

在個人主義看來,一個人根據自己的意圖去發展個體性是天經地義的,但發展方向要超出以前的自我瞭解,卻不太可能;如上所說,接受了自己的「無力」之因素後,這樣的發展卻有了可能。個人主義的這種自我發展肯定是積極、主動的,但你不得不說這個發展受限於自我的判斷。相對而言,佛教就能夠發揮你的潛力,你的道路是向未知敞開的。只是從根本上來說,當一個人被四周的力量拋來擲去時,我懷疑他是否還成一個「個體」。

這就是我所說東方的個人、西方的個體之觀念各有優劣的一個原因。為了揚長避短,當一個習佛者完全地生活在緣起的體驗中時,需要牢牢地抓住「這是我」這個意識,或是清醒地活於其中;而一個西方思維的人,有時就要有勇氣放下自我的判斷。你也許會說,一個人總會有些自我同一性,但是當你深

入思考時,你就會發現實際上「確立同一性」是不可能的。

　　至於「我是什麼?」的問題,我這樣來回答:我有很多不同的形式,它們取決於我與周圍的世界進行接觸和反應的不同方式。譬如,現在位於德克薩斯州的這個隼雄,上個星期在日本想像起來還是模糊的;而那時的隼雄,現在在德克薩斯州記起來卻黯淡不清了。

8、自殺

　　這一章是談我的,在這最後一部分,我將談一下我對自殺的一些觀點。自殺意味著「我有能力自殺並且決定殺死自己」,或是「我一不小心殺死了自己」。自殺的問題與心理治療師關係甚大,因為我們確實碰到過一些人,他們想辦法自殺過,或是有強烈的自殺傾向。有時,在治療過程進行中,個案就會產生死或自殺的願望。

　　在心理治療中,如同象徵性的死亡和重生會自動顯現一樣,當個性轉化時,神祕的「死亡」之星也會突然出現。它可能表現為父母或是一個熟人的死亡,一個意想不到的事故,或是夢中的死亡體驗等等。我們必須格外小心注意這種現象,以及它的整個態勢和意義。在此階段,自殺成了個案的一個嚴重問題或者迫切任務。有些病人會籌劃自殺,有些只是簡單地

說說「我想死」、「活著有什麼用」或是「一了百了」之類的話，另一些人則會宣告：「在某天某天，我會自殺。」尤其是有此表現的憂鬱症病人，自殺通常會變成事實。

此時，我會尊重個案對象徵性的死亡和重生的體驗，而且，為了避免實際的死亡，我希望象徵性的死亡能被完整地體驗。我採取這種立場去關心我的病人，因此，我不反對他們要死的願望。從一開始起，我就盡可能地聽他們傾訴，如果他們的願望和實際的死亡之間有了明確的聯繫時，我就表示反對。在這樣一個如煉獄般痛苦的過程中，他們死亡和重生的體驗讓我深深動容，刻骨銘心。有一位個案試圖自殺過，事後他說：「要不是體驗過瀕死的滋味，那我就不會有轉變。」這句話確實讓我難以忘懷。

當我寫第一章時，我正讀著戴維・羅森的《轉換憂鬱》（*Transforming Depression*）[17]。在這本書，他引入了關鍵性的概念，「殺死自我」，詳盡地討論了自殺問題。令我高興的是，他準確地闡明了這個問題的核心：自殺實際上是殺死自我（egocide）。但是個案沒有看到這個事實，所以他想去結束自己的生命。治療師此時的任務是讓他明白到這個問題的核心，為此羅森還舉了四個例子。

我沒有做任何統計性的研究，也沒有看過有關的研究文章，但是我想知道，是否日本人比西方人更有籌劃自殺的傾

向，或者更有表達這種意圖的傾向。在這個課題上，羅森「殺死自我」的概念給了我極大的幫助。

日本人自殺甚至也可能經常是想殺死自我，由此，西方的心理學可能會認為由於日本人的自我更加脆弱，因此自殺比西方人更為普遍。但是日本人的自我是否真的不堪一擊呢？不妨讓我們來看看神戶最近發生的地震[18]。這次地震無疑是一場巨大的災難，但是日本人卻表現得井然有序，譬如，儘管物資貧乏，卻沒有搶劫發生。日本人表現出來的「忍耐的力量」，讓地震之後來訪的西方專家留下了深刻的印象。因此日本自殺普遍，顯然不是因為他們的自我更為脆弱。

同西方人一樣，日本人的自我形式是自殺問題的焦點。日本人的自我是以他與別人的關係為前提的。然而，這不是獨立的自我與別人的關係；自我此時尚未分化，大家彼此滲透，共通地分享著一個深層次的「空」的世界。只要一個人有這樣一種相互貫通的感覺，他或她就有強大的忍耐能力；但是如果失去了這種感覺，他所有的脆弱性就會暴露無遺。最大的麻煩在於存在著的世界是相互貫通的基礎，但這個基礎既被看成是「空」或「無」，同時又被描述成無限的、「非空的」。

一般來說，日本人認為自我應該服從於一個更高的東西，哪怕它是無意識，而且他們傾向於為那個東西犧牲自我。這個東西一旦幻滅，人們就想殺死自我，而這就容易被誤解是想殺

死自己。

在日本許多個案會說:「我寧願去死。」這很讓人震撼,但是老是震來震去的,治療師也漸漸被感染,他本來正在傾力相救的,現在卻不堪忍受,覺得自己也差不多要死了,最後甚至都想說:「好了,如果你那麼想死,那就請便吧!」當治療師過分地認同個案想死的感覺時,即使個案死了,治療師可能也不會覺得這件事有多麼悲慘,甚至也不會覺得這事有多麼重要。

有一次,一個病人咬牙抵住想要自殺的痛苦,慢慢地獲得了生活下去的力量。幾年以後,這個病人告訴我說,她當時為了表達生的願望,除了說「我想死」,實在找不到其他方式。此話使我受益匪淺。

病人說話的內容依賴於醫患關係的質量。在這個病人與我的關係中,她實際上是用「我想死」來表達她想活的願望。如果我當年對她有更深刻的理解,或許她會有另外的表達方式。透過說「我想死」,病人離「無」的世界更近了一些,她當時是正在體驗著殺死自我的痛苦,卻找不到其他的表達方式。在日本,只有當你覺得你的存在是和其他人聯繫在一起時,你才能活下去。但是殺死自我卻必然要突然改變這種聯繫,以致好像與他人的聯繫不復存在了,此時,個人若不堪忍受,自殺就成了一種選擇。

開始我並不知道這些，所以，我用西方式「自我對自我」的聯繫模式，試圖去防止病人自殺。結果，我把自己弄得筋疲力盡，治療也沒有什麼積極效果。我當時其實應該把精力放到「自我與虛空」這種垂直的關係中，而不應該放在自我對自我（醫生對個案）這種水平的關係之中。[19]有了這些經驗後，我的態度有了很大的改變。

　　最後一個值得討論的問題是：在自性發展的最後階段，自殺是否合理？可惜的是，我不能談我的經驗，因為我從不曾陪同一個人歷經自性化的過程之後，毫無保留地贊同和接受他對死亡的選擇。

　　但我聽到過一個頗具典型性的故事，故事的主人公是我非常尊敬的一個禪師：山本玄峰（Gempo Yamamoto）。他九十六歲時說：「我想拉下帷幕，結束這場人世的喜劇。」隨即禁食三天，直到去世。看來在自性化過程的最後階段，選擇自己的死亡是可能的。此章行將結束，但對這種自殺是否合理，我卻不能給予明確的回答。

備註
【1】 高倉輝（Teru Takakura）：《印度童話》（*Fairy Tales of India*）（Tokyo: Ars Book Co., 1929），161-165 頁。
【2】 編註：因 id 含義近似英語的 it，因此漸有學者認為慣用的「本我」是個背離原意的中文表達，倡議用「它」、「伊底」、「本它」等取代「本我」的用法。
【3】 佛洛伊德：《精神分析引論》（*New Introductory Lectures on Psycho-Analysis*），詹姆士·史崔齊（James Strachey 編譯）（London: Hogarth Press, 1964）第 80 頁。
【4】 布魯諾·貝特海姆（Bruno Bettelheim）：《佛洛伊德和人的靈魂》（*Freud and Man's Soul*）（New York: Freeman Press, 1983）。
【5】 《童話，古代與現代》（*Tales, Ancient and Modern*），Takao Yamada 編，第五卷（東京：岩波書店，1951 年）。
【6】 威廉·拉夫留（William LaFleur）：《道的命運：日本中世紀的佛教與文學藝術》（*The Karma of Words: Buddhism and the Literary Arts on Medieval Japan*）（Berkeley: Univ. of California Press, 1983）。
【7】 「在信濃參觀音的話頭，削髮為僧」，選自《今昔物語》十九卷：（東京：岩波書店），第 87-89 頁。
【8】 榮格：《回憶·夢·省思》，第 323 頁。
【9】 〈獵者因夢出家〉（*A Hunter with Falcons Taking Tonsure by a Dream*），選自《今昔物語》十九卷（東京：岩波書店），第 77-80 頁。
【10】 阿道夫·古根博-克雷格：《助人專業的力量》（New York: Spring Publications, 1971）。
【11】 井筒俊彥：〈總相：佛教的本體觀〉（*The Nexus of Ontological Events: A Buddhist View of Reality*），見於《伊萬諾斯年鑒四十九》（*Eranos Year book 49*）（1980）（Frankfurt am Main, Germany: Insel Verlag，1981），384-385 頁。
【12】 井筒俊彥：《宇宙與反宇宙》（*Cosmos and Anticosmos*）（東京：岩波書店，1989 年），第 18 頁。
【13】 井筒俊彥：《宇宙與反宇宙》，第 26 頁。
【14】 井筒俊彥：《宇宙與反宇宙》，第 41 頁。
【15】 榮格：〈心靈的本質〉（*On the Nature of the Psyche*），見於《榮格全集》第八卷第 217 頁。
【16】 編註：本書 2004 年版中，本處 individuality 譯為「個性」，eachness 則譯為「個體」。然因近年榮格相關著作多將 individuality 譯為「個體性」，本版譯本跟隨此譯法。此處的 eachness，則參考日文相應的漢字，譯為「個別性」。

【17】 戴維・羅森（David H. Rosen）：《轉換憂鬱：榮格的方法——創造性藝術》（*New York: G. P. Putnam's Sons*, 1993）。

【18】 編註：指 1995 年 1 月 17 日發生於日本關西的阪神大地震，規模七・三，造成五、六千人死亡，在當時舉世注目。

【19】 譯註：因為病人此時舊的自我已破，新的自我未立，類似於虛空。

佛教與心理治療藝術 ────── | 第四章 |
Buddhism and the Art of Psychotherapy

心理治療中的個人和非個人關係

我認為心理治療的關鍵，在於發揮個案的自我治癒能力。然而，儘管如此，治療師卻不能只是簡單地說一聲：「那就讓病人自己治癒自己吧。」為什麼呢？因為病人在自我治癒的過程中會遇到很多困難。「自我治癒的力量」是以榮格所說的「自性化過程」為背景的，而驅動自性化過程的力量，經常會將個體帶入自我斷難忍受的困境之中，這是第一個困難。另一個困難是，病人前來求診的本身就說明他自我治癒的功能運轉不良。於是問題就變成了：你如何理解病人自我治癒力量的狀況？你又如何推動這種自我治癒？為了解決這些困難，儘管我們說要依靠病人的自我治癒的力量，但我們還是要認識到病人此時需要心理治療師。

心理治療師的工作內容依病情不同而有很大的變化。榮格把心理治療的工作分成四類：傾聽、解釋、教育、轉化，其中轉化是榮格理論最具特色的部分。在轉化的工作中，榮格認為：「心理治療師不再是去處理問題，而是要去共同地參與個體發展的過程。」[1] 榮格還說：「他（治療師）不再是一個智者，不再是一個法官，也不再是一個顧問；他是一個共同參與者，他發現自己和所謂的病人一起深深地陷入進退兩難的漩渦之中。」[2] 簡而言之，榮格在這裡清楚地指明了醫患關係是如何地重要，指明了它與一般概念中「醫者」和「患者」是如何的不同。

我不僅在理論上基本同意榮格的觀點，而且還在實踐中身體力行、努力探索。接下來，我想聯繫佛教來探討醫患關係，同時也會順帶講一下我個人的經驗。

1、行易

上面的引文出自榮格在二十世紀三〇年代早期的著作，令人驚訝的是，榮格早在那個時候就已洞穿心理治療中人際關係的本質。而1950年左右我開始在日本作諮商時，對榮格的心理分析還是前所未聞。那時在日本最有影響的是美國臨床心理學家卡爾‧羅傑斯（Carl A. Rogers）的心理諮商和心理治療理論，我也如饑似渴地讀過他的著作。所以當我從蘇黎世學成歸來時，我所面臨一個極具挑戰性的工作，就是如何把榮格的思想傳達給遍及全國的日本式羅傑斯主義者。

我之所以認為羅傑斯在日本有如此影響，一個特別的原因是因為日本人認為他更加「重行」而不是「重知」。此種方式在很短的時間內就和日本藝術世界中的重要概念「形」（Kata）和「行易」（Igyo）聯繫了起來[3]，很容易就被日本人接受了。當然，這種日本式的理解是以佛教的世界觀為背景的，實際上與羅傑斯的思想有所差別。回想一下第三章的內容，你就會理解到這一點。

在日本,學習藝術的各種形式,並不需要獨特的資質,因此每個人的起點都一樣。但是為了成為一個好的藝術家,就需要去體現或掌握某種恰到好處的「形」;誰做到了這一點,誰就能成為一個好的藝術家。這就是所謂的「行易」,也就是「做起來容易」。以茶道為例,看到或參加過茶道的儀式,你就能明白我的意思。茶室裡的行為有詳細的規定,重覆做過多遍之後,「形」就能體現出來。只要能體現「形」,無論個人的特點和才情如何,他或她就能成為茶道的師傅。「行易」在這裡意味著任何人都能成為師傅;但是,我們不要忘記了,勤修苦練才有可能體現形式,也才能成為師傅。

當然,需要補充的是,我並不是說日本的藝術世界就只是建立在這個基礎之上。為了成為一個真正的師傅,人們必須「突破」上述的「形」,最終要獲得一個「搖動」（yurameki）。在掌握了嚴格的「形」之後,一個人的「搖動」會出現一些極為輕微的顫動,這些顫動和基本「形式」之間的差異構成了一種美,而這就是人們在藝術世界中所要尋求和欣賞的。

在起跑線上,人人平等;一個人的特點和天分無關緊要。藝術要為人首肯,就必須以「形」的形式表現出來,這些觀點從根本上體現的是性起的態度,因為根據《華嚴經》,性起意味著萬物沒有自性,都只是空理的顯現。[4] 人們為了體

現「形」，必得要經過長期而艱苦的練習。但是，一旦功夫純熟，突破了「形」，達到了「搖動」的狀態，個人的獨特性就會首次顯現出來。達到這種境界極其困難，因此，絕大多數的人都專心「行易」，以求現「形」，可謂萬事不管，心無旁騖。

當我開始從事心理治療時，人們把羅傑斯的理論描述成「非指導性諮商」，它非常符合日本人的心理品質，易於為人接受。只要你體現出這「非指導性」中的「形」，無論男女，任何人都可以成為一個好的諮商者。但是為了掌握這個「非指導性」的「形」，學生就要接受教師非常嚴格的指教，所謂「不是一番寒徹骨，焉得梅花撲鼻香」。

後來，羅傑斯進一步發展了他的理論，日本人也亦步亦趨地緊緊跟隨。我認為他對心理治療的基本態度和榮格所說的不會有太大差別。之前我已經引用過榮格的有關論述，譬如榮格認為，為了成為一個心理分析師，就必須要被分析，這樣才能獲得一種治療的基本心態；他還指出，在某些情況下，治療師的角色會有所改變，這後一點是羅傑斯的著作中沒有提及的。日本人儘管緊跟羅傑斯的理論，但結果卻還是保持著自己「行易」的方法。在美國，具有現代自我的人們輕鬆地實踐著羅傑斯的理念，一點也沒有失去自我身分的認同；而在日本，人們為了在「行易」中體現「形」，卻費盡心力地去否定、打掉自

我，因此儘管這種方式的治療有所斬獲，但不如所願的時候也為數不少。

我剛做諮商時也是遵從著日本人的方式，但可能是因為西方式的自我於我更有吸引力吧，我老覺得有所不妥。我當時有一個直覺；「如果我這樣做下去，我的病人可能會好，但我卻會死掉。」除非你有一個可以依託的理論，而且也明白你的病人是如何好轉，又是為何好轉的，否則就不能算是走對了路。因此，為了更深入地理解心理治療，發展出一些好的理論，我想，除了去美國取經，別無他路。如同上面所說，我就這樣到了美國，並因此學習了榮格的理論。

2、關係的層次

前面我說過，我在瑞士的榮格學院學習時，受到最大的衝擊來自於西方的意識。我被訓練著去發展一個強大的西方式自我，但是，這當然並不意味著我能夠發展出一個與西方人一樣的自我；而另一方面，我認識到自我並非首要焦點，自性才是重中之重。

我一回到日本就開始從事心理治療。在一段時間內，我是當時唯一的榮格派分析師。但是幸運的是，在那種環境下，我在推進心理治療本身發展的同時，也廣泛地傳播了榮格的心理

治療方法。

在開業之初，母親原型的巨大力量讓我留下了深刻的印象，它作為背景，強烈地影響著每一種人際關係，醫病關係也毫不例外。

母親原型的統治作用在佛教方面，尤為優美地體現在一個眾所周知的夢中。此夢為親鸞上人（Shinran Shonin）（1173-1262）所做，親鸞上人是淨土真宗的創始人，此派現在還有無數信眾。自古以來佛教都有清規戒律，不准僧人親近女人；然而，在日本，這個戒律屢屢被破。常言道：「掩藏色欲是個聖人，棄絕色欲才是佛陀。」但在親鸞那個時代，有些人寫道：「現在，掩藏色欲的聖人不多；而棄之成佛的更少。」在這種情況下，當時好像只有親鸞想嚴守色戒，但他卻又不能控制欲望，所以他深感痛苦，備受煎熬。三十歲時，他不堪其苦，決定隱居起來，以一百天為限，看看能否從夢中得到啟示。[5]在第九十五天的黎明，他夢見了廟裡的觀音菩薩，大慈大悲的觀音顯身對他說道：

當諸善男子因為累世因緣，當與女人有（性）染，我將化身美女，為其愛人，終其一生，為他配偶，以求裝點世間。臨死之際，我必接他至西方淨土。

語畢，觀音菩薩立下宏願，並令我周知諸人。

在這個夢中，觀音菩薩對在獨身誓願和本性衝動之間飽受痛苦的親鸞說道，他——觀音，將變成女人，來滿足他的欲望，並且將在他臨死之際，接他去天堂。這裡母親原型可謂一目了然。一般來講，日本個案會把菩薩的形象投射到治療師身上，而治療師也會有意無意地盡力去扮演菩薩的角色。

　　這裡的母親原型是積極的，但是當然，母性原則也有消極的一面。日本人受歐美意識影響後而尋求獨立時，很快就看到了母親原型的消極影響。我在幫人分析夢時，經常會看到明顯反映了這種消極作用的意象。

　　透過這種方法，我發現所有人際關係中都有母親原型的積極或消極的作用。我漸漸清楚地認識到，把這些母親原型的意象分為個人層次和原型層次，對弄清病人的問題、理解醫病關係的本質都很有幫助。但是我也多次提到，我在這裡遇到了麻煩，由於日本人自我的特性使然，我很難將母親原型這一心理現象和相關體驗向我的個案做一個客觀的描述和直接的表達。

　　在進一步討論這個問題之前，我想先講一下在前語言的層面上發生的醫病關係。為了表述這種醫病關係，治療師必須將彼此的關係做一個不帶感情色彩的界定。但對於一個日本個案來說，這種你我分明的關係就等於是活生生地斬斷了醫患關係本身。在西方人際關係中，兩個人的自我是獨立的；但在日本，幾乎不存在「兩個人」的「關係」，因為日本人的個體是

以整體為基礎的，所以要讓個案意識到這種受到母親原型影響的「關係」是困難的。在我們告知個案他已陷入了母親原型之前，治療師不知不覺地一直在扮演著原型母親的角色。而且，如果治療師拒絕這樣做的話，治療關係就會到此結束。

在開業的早期，我的工作還算是得心應手，但是漸漸地，我開始發現了一些確實很棘手的病人，與他們的醫病關係對我的負面影響越來越大，而我卻還抓不住醫病關係的核心要旨，我非常苦惱。但作為一個治療師，我還是盡力地遵循榮格的指導──做「一個個體發展過程中的共同參與者」[6]，但我覺得這樣非常有害，或者說我不堪承受，視若畏途。且個案自殺的可能性看來還是很大，而長此以往，我覺得自己會有燈油耗盡、嗚呼哀哉之虞。在那段狀態不佳的時期，那些在我身邊給我支援的人，一定吃盡了苦頭。

後來我開始注意到，個案當時所需要的關係，和我作為一個治療師正費盡心力投入的關係，兩者處於不同的層次之上；當我的個案朝向原型的層次運動時，不知怎麼搞的，我卻在更加淺層的「個人」層次努力地回應，譬如說，正在努力地想做菩薩。此時任憑我使盡全身解數，也難使個案滿足一二。儘管他們也會對此表示感激，但在前路迷茫、極為不滿時，他或她就會直截了當地說「我想死」，或者乾脆就直接採取行動。這時，我的淺層部分會加倍地努力工作，或者看到沒有希望就放

棄了治療。

在嘗試著去理解我自己的意識真實運作的過程中，我借助諸如第三章裡曾提到的佛教理論[7]，漸漸地領悟了這些醫患關係的要旨。《華嚴經》關於緣起的理論，提供了一種深層維度的醫患關係。現在，對我來說，遇到了一個人，就等於是進入了一個廣闊的世界，我只是順其自然地讓這種關係發展。這種關係和我們日常的關係完全不一樣，它是相當「非個人的」一種關係。在治療中我盡力保持這種非個人的關係，儘管這做起來非常困難。自此以後，也還有一些人嚷著要自殺，或者真的自殺了，但人數卻比以前少了。我自己也從這場拉鋸戰中徹底解放出來，從而可以騰出手來幫助更多被認為是陷入嚴重困境中的人們了。回首這些，我發現我當初之所以費力不討好，原因在於我自己還不成熟。

有些看重個人層次人際關係的人會誤解這種方式，以為它是在確保心理治療師的中立性，所以我想再花點時間澄清一下。當你獲得了我所描述的這種態度時，你經常會變得更為開放，你可以放開來表達自己所有的感受：悲傷、憤怒、快樂或悲哀……等。當你盡量去承接個案內心靈魂深處的內容時，如果只用你淺層的意識水平，你個人的情緒可能會被壓抑；但是當把關係拓展到深層的「非個人」層次時，你個人的感受就會得到釋放。簡而言之，關係層次的轉換是必要的。

基本上來說，我一般不願向個案表達憤怒的情緒，但是近來我卻能直接地向個案表達我的憤怒了。當我們暴露情緒時，自我明顯地參與了進來，但是自我卻經常是深深地植根於非個人的層次之中的；因此，在我看來，表達這種情緒，可以深化既定的人際關係。無論如何，在以前的治療中，我會壓抑和扭曲情緒，然後再將之傾倒、發洩在熟人或親人身上，現在這種情況很少發生，同時我的疲勞戰也終於結束。

3、信念的覺醒

　　形成這樣一種治療關係之後，我的工作輕鬆了很多，但是，我發現內在衝突依然存在，或者說是意識的某種分裂依然存在。雖然我還沒有體驗過將我的意識降到存在的最深層次，但是在治療中，我的意識已經能夠在個人和非個人兩種層次同時進行體驗，或者說是能體驗到意識的某種遊蕩。這種體驗實實在在發生在我的身上，幾乎很難用語言來表達。譬如，一個人說他想馬上去死，我的意識同時會有好幾種體驗：「不，絕對不行，」和「嗯哼，我理解你的感受，」以及「如果你這麼說，那就請便吧。」它們很難統一為一個整體。但是久而久之，我就知道了，解決這種「衝突」最有效的辦法是守株待兔，盡量保持所有衝突的長期共存。

最近我研讀了《大乘起信論》這部富有靈性的論著（梵語：Mahayana-Sraddhotpada-Sastra；日文：Daijoa-Kishiron[8]），明白了如何去解釋這種心理治療的實踐。我是從井筒俊彥博士的著作《大乘起信論的哲學》中知道這篇論著。[9]遺憾的是，這是博士的最後一本著作。我非常感激他，因為沒有他的解釋，我就不能在此討論這篇佛教晚期的論著。此論著據說出自馬鳴菩薩，但實際上作者是誰並不清楚，此經卻對遠東六世紀以來的佛教歷史產生了巨大影響。

這本著作有兩個引人注目的特徵：一、其觀念的空間結構；二、其觀念的展開方式——它以雙層的形式，或說是透過矛盾的幾個方面來展開觀念。首先，為了便於探討精神或意識的問題，文章將它的思想概念空間化、疆界化，實際上，佛洛伊德和榮格在他們的深度心理學方面也做了這個工作。因此，我們需要關注的是此經的第二個特徵，也是我被它吸引的原因：它一方面原封不動地包容了種種矛盾，同時又不企圖整合它們，以求解決。論述進行的邏輯軌跡是精妙的、非線性的、曲折的、搖擺的，兩條衝突的思路貫穿始終。井筒博士說，以直線式的單向思維解讀《大乘起信論》，就會發現它處處充滿矛盾。

文章的本體論和意識論糾纏交錯，密不可分。它開始講的是本體，但你很快就會發現它同時也是在描述意識。

《大乘起信論》的核心概念是如來藏（絕對的胚芽，絕對的容器），經常也作真如。真如是不能分化、不可分割的整體，是萬物存在的力量之源。生命的力量充滿著無窮無盡的宇宙，而從本質上講，這生命的力量又是絕對的空無，但是同時真如又是「存在」或是「現象的自我顯現」。如來有兩種，一種是作為不可區分、包容萬有之整體的真如，它超出一切形式的語言或概念，這叫作「離言真如」；而所有事物可以無限區分之時的真如，叫作「依言真如」。但我們不要忘了，這兩種真如是一個真如整體的一體兩面。

　　在《大乘起信論》中，術語「真如」表意識，也就是說，離言真如是絕對的、不可分的、非現象的意識。雖然它是對無的意識，但把這理解成消極和否定的卻也不對，因為它是「空」的意識，所以它內含現象的、「非空」意識的無限可能性。

　　與之相反，依言真如是處理現象世界種種事物的意識，我們應該說它就是我們平日所說的意識領域，然而它還包括所謂「無意識」這一部分。我之所以說「所謂的『無意識』」，是因為深度心理學中的這種觀點是以自我為立場的，在這自我意識之外的領域，整體上自然可以叫作「無意識」。之前我做過評價，在佛教看來，這個「無意識」只能被看作是一些不同水平的意識。由於佛教和深度心理學有這個概念上的差異，因此

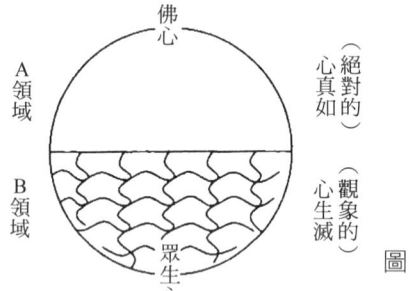

圖 37　意識的結構
　　　　（井筒俊彥繪）

難以用完全平行的方式來討論這些觀點。當你看了《大乘起信論》所劃分的意識結構，明白了自我在其中並沒有處於決定性的位置，你就能理解這兩者在意識概念上的差異。

我將借用井筒博士的圖示，試圖把這一點表達清楚。該圖有兩個領域 A 和 B，既表示意識（心），也表示本體。它由兩種本體組成：A 是超出語言的不可區分的狀態；B 是存在著的萬法。這個圖示也可以表示意識（心）。A 域表示心真如門（絕對的），它是對空的意識；B 域即心生滅門（現象的），是對完全分開的現象之意識。心真如在宗教的意義上被稱為「佛心」。

B 域需要解釋一下，因為它與西方把自我等同於意識的假設是不同的。「意識」在這裡並不是指個人的意識，而指意識的超個人本質。井筒博士建議把榮格的集體無意識看成是對這

種集體無意識的意識。榮格用「集體無意識」這個名詞,是站在自我的角度上而言的,如果相反,我們從心真如完全沒有區分的角度來看,就可以把集體無意識也看成一種意識,但卻是超個人的、為全人類所擁有的極深層次意識;這種思路和榮格接近。

這種超個人的、作為一個意識整體的領域,《大乘起信論》稱之為「眾生心」(Collective Mind)。它有兩個方面,包括認知整體的所有領域,這種領域包括所有種類的存在,其中涵蓋榮格的集體無意識;同時,眾生心還包括我們日常生活的意識。也就是說,它不斷地在日常意識和超個人的宇宙認知之際擺動。《大乘起信論》認為這種眾生心既含括日常現象,也含括超驗的形而上世界。

眾生心這種看似矛盾的本質,與你如何看待這個現象世界或是西方人所說的「現實」有關;也就是說,如果你足夠重視心真如的世界,那麼現象的世界就只是一種幻覺。現代人稍不小心就會沉迷於這個幻覺的世界,並在其中投入大量無謂的努力和奮鬥。雖然我們很難同意一切皆幻的觀點,但實際上這個現象的世界確實只是真如的外現而已。《大乘起信論》告訴我們,儘管世界看起來遷流不居,但實際上佛心的本質並無損壞或沾染。因此,眾生心和佛心看似矛盾,實則統一。

當你讀這本論著時,一下子眾生心,一下子佛心,你都

不知道到底哪邊是對，哪邊是錯，這種體驗倒與我和病人打交道時的臨床體驗有幾分相似。教授佛學的人會過分強調佛心的偉大，而對看起來與佛心相反的現象世界給予猛烈批評。他們的觀點很容易理解，意思就是：「如果你勤修苦煉，『空掉自我』，你就能親見『真如』。」但這種看法很可能是對佛教的狹隘理解。目幸默仙博士是榮格心理分析家，也是佛教徒，他也認為這是一種誤解。作為一個心理學家，我的態度是要同時接觸意識的深層和淺層，要注意外部世界的細節，但同時又不要對其中的任何一個特別看重。我覺得這樣一個矛盾的態度正是《大乘起信論》所主張的。

4、阿賴耶識

心真如門（A區）和心生滅門（B區）的關係確實很微妙，它們顯然沒有一個清楚的分界，B只不過是A的自我分出的一種形式。由於A有趣於現象之傾向，所以A有轉換到B的基本可能性，同樣B也有返轉到原初A的傾向。

在這本特別的論著裡，A和B的相互轉化、彼此和合被稱為阿賴耶識。雖然這是正統佛教思想中的重要術語，我們還是要認識到在這裡它的涵義有所不同。

阿賴耶識是包容心的兩個領域（A和B）中一個靈活的

混合物。論著把它描述成「不生不滅與生滅之和合；非一非異」。阿賴耶識有兩方面：一、朝向 A 的方向時，表現為「覺」的功能；二、朝向 B 的方向時，表現為「不覺」的功能。如果阿賴耶識忘記了 A 的方向，或者沒有注意到 A 的方向，只是注意日常的現象，就成了「不覺」。該文對如何陷入「不覺」的過程有詳細描述。我讀到這部分時，不禁哈哈大笑起來，因為「不覺」的過程很像西方「自我形成」的過程。

我另外想提及的是，《大乘起信論》最後也提到了個人。阿賴耶識與 A 和 B 都有關聯，所以如何「統一」兩者端賴於個人。西方深度心理學的理論始於個人的自我，在榮格那裡卻深入到了集體無意識的層次；起信論則始於超個人的無區分世界，最後卻周詳地討論到了個人。這樣一想，東方和西方的觀念也並非水火不融。

根據起信論所言，阿賴耶識轉向 A，也就是轉向「覺」時，它本身並不會帶來圓滿之覺。在達到 A 之極點後，它便轉向了 B，最後達到一種對 A、B 兩個領域都作毫無區分的整體性之觀察狀態，這種狀態本身才是「覺」。我們也知道，達到 A 的邊界，同時也就達到了 B 的邊界，因為達到 A 就覺知到了 B 的真相。當這樣一種意識狀態在存在論的意義上得以實現時，就達到了「覺」的境界。但是普通人要進入 A 的領域，顯然難於登天，我們傾向在不覺中生死遷流，頭出頭沒。

我喜歡起信論中的這些描述，我以自己獨特的方式接受了這些教導。如果你問我：「這些東西如此主觀武斷，為什麼要接受它們呢？」那我只好簡單地回答：「因為我是一個心理治療師，不是一個空頭理論家，也不是一個宗教導師。」

在各種佛教理論中，你從來就不會撞入現代西方的自我王國，譬如，就算是將阿賴耶識擺到 B 的終點上，你也不會碰到它。儘管我知道自我的價值和力量，但我認為出現於西方的自我不能提供人生的真諦。當然我們不能忘記，西方的自我創造了無數的美好事物，而日本作為一個東方國家，在這方面更是碩果纍纍。

一些人朝 A 的方向精進努力，而且一達到 A 的領域，就向 B 回擺。但是由於他們全身貫注於「無我」，當面對西方自我之生活方式的誘惑時，他們經常失去了分辨的能力。即使他們認為自己已經開悟了，他們也會沉溺於我們這個時代光怪陸離的影像和豐富的物質生活之中，我希望大家不要犯這個錯誤。

所以在這一點上，我要說的是，作為普通人，即使我們正在不斷努力地擺向 B 時，我們一定要意識到 B 的「不覺」，而且不要忘了擺回 A 的必要性。說得更積極一點，如果達到了 A，再向 B 回轉，就有可能將 A 和 B 統一起來；在轉向了 B，但還沒達到 B 的時候，我認為朝 B 擺一步，就意味著朝 A

擺一步,這全看你自己的覺知狀況。此時,儘管你在 B 的方向上做了很大的努力,但也可以說,你並沒有把 B 放在優先的位置上。

你記不記得,我曾經對一個婦女講過「被牛牽到善光寺出家」的故事?她來抱怨她的媳婦,後來對宗教發生了興趣,於是她廣讀宗教經典,聽取法師開示,但仍然很難靜心。這時,她做了一個夢:

一個有名的法師到我們附近佈道,我聞訊趕去,法會已經結束。我非常失望地往回走時,法師出現了,他對我說:「我要教給你一個特別重要的東西。」我高興極了,於是他給了我一塊 Zokin(一種用來擦地板,厚厚縫製成的抹布)。我目瞪口呆地醒了過來。

剛開始她覺得這個夢不只是古裡古怪,簡直毫無意義,但當我們談及這個夢時,她領悟到了這個夢的意義:實際上對她來說,擦好地板比再聽一次佈道要重要得多。她家有一個傭人,她本不需要做這種事情,但是她卻開始用抹布擦起走廊來了。在我看來,這個工作既在擺向 A,又在擺向 B。讓人印象深刻的另一件事,是法師不在公眾場合告訴她,而要給她「個人性」的指導,這說明有些事情只對她有意義,她也由此覺得

這是真的。這個例子告訴我，儘管事先沒有達到 A 或 B 的界限，但同時擺向 A 和 B 卻是可能的。她和我後來都沒有建議其他人去擦地板，因為正如夢中所示，把朝向 A 和 B 的運動結合為一體的方法是非常個別化的。

5、症狀和公案

我沒有參過禪（拜訪禪師），也沒有讀過很多的相關書籍，但是我常常聽有此經驗的朋友和熟人講些故事，有些是他們自己的經歷，而且他們還會回答我毫無顧忌的提問，我因此學到了很多東西。我感到心理治療師的工作與禪多少有點相似。

禪宗在日本分為曹洞和臨濟兩宗。儘管曹洞強調「只管打坐」，而臨濟更推崇參禪訪學和師傅印心，但兩者都著眼於「禪修」（禪宗的靜心）。當我在治療中和個案坐在一起時，我有時會以曹洞僧人的格言「只管打坐」來提醒自己——不要困擾於「對付」或者「解決」問題，而只是坐著。我有時也會有此體會，儘管我過去和現在都不對自己做此要求，但是這種「只管打坐」的情形會自然出現。根據個案的情況，我們可能會說一些日常的話題，但是有時自然而然就接近「只管打坐」的狀態，這樣好像比較合適。

說到公案，有時我感覺個案的抱怨至少對治療師來說有點像公案。一個有名的公案是：「兩個巴掌一拍就響，那一個巴掌會是什麼聲音？」很明顯，用理性的思考，任何人也找不到答案。看來公案好像是要創造一種情境，好讓人的整個身心都進入到更深的意識之中，而不是依賴於表面的意識做答。讓我們用一個個案抱怨的症狀為例，來探討一下這個問題。這個症狀靠理性思維解決不了，於是治療師要個案進行自由聯想，或者讓他注意自己的夢。這就意味著要超出淺層意識，直入意識深處來尋求解決辦法。公案和症狀在這裡起了相似的作用。

然而，在一些輕微的歇斯底里症個案裡，個案無意識裡的情結或衝突易為意識所察覺，並因此使症狀得到解除。這就好比是個案有了一個公案（症狀），但半路被撤走了，換句話說，個案在治療師的幫助下，還沒有來得及接觸心靈深處，就轉回到了另一個方向。說到底就是，治療師的努力實際上是拿走了病人一個寶貴的開悟機會。

我有時喜歡這樣想：當個案為症狀所折磨時，解除症狀是有意義的，但是不解除也是有意義的，這完全依賴於病人接下來的自性化過程，所以我在心理治療中會情不自禁地變得非常謹慎。當然，首先出現的念頭是趕快解除症狀，這個念頭自然是難忘的。但是我面對的是個案的整個存在，這就要求我態度謹慎、處理靈活，否則我就看不清自性化過程的發展趨勢。為

了在淺層和深層的意識之間自由地轉換，我們的意識必須要盡可能地機動靈活，這樣我們才能看清我們和個案前進的方向。

所謂「邊緣綜合症」的病人，與其他病人相比，有趨向 A 域而忽視 B 域的強烈傾向。因此在治療中，要給他們佈置 B 域裡的任務——譬如，自理日常生活，培養能力去兼職等等。此時，治療師如果因為病人做得不錯而喜形於色，那麼病人就會認為治療師忽視或否認 A 域中的工作之重要性，於是他們就可能對蒙在鼓裡的醫生生氣、發火，甚至訴諸行動。這有點像公案，你非常努力，並且自以為找到了真正的答案；但是就在此時，師傅大喝一聲：「看住（Katsu）！」舉杖便打。當然，我們這裡所說的師傅——病人——他們自己並不知道答案，這是他們和禪宗師傅的差別所在。然而，我們不要忘了，儘管他們不能事先知道正確答案，但他們還是能清楚地辨別我們做得對或錯。

雖然我沒有坐禪的體驗，但是我認為我的這些老師們很出色，他們已經給了我大量的訓練，我非常感謝他們。現在解除了一個症狀，我仍然會高興，但是自從受過他們的良好訓練後，我基本上從上述經驗中獲得了這種態度：症狀減輕了也好，沒有減輕也不錯。即使這個公案解開了，另一個公案又會接踵而至，所以，實際上我們每個人各自生活中的公案本來就是無窮無盡的。

但是我認為 A 域和 B 域的結合應該是深刻而微妙的，如果只是執迷於 A 域，不能處理日常生活，也並不值得提倡。每當日本年輕人陷入極度冷漠時，我都會想，他們這是接受了趨向 A 域的公案[10]，並因此覺得做 B 域的事情毫無意義，於是他們陷入了無所事事的狀態，其實這是由於他們從根本上誤讀了那個公案。此時我不會對這幫冷漠的年輕人講什麼工作的意義、社會活動的價值，相反地，我會和他們一起去探究引發這種冷漠的公案；雖然這種探求經常要花較長的時間，但是我還是覺得這樣做是有價值的。

6、解釋和語言

在心理治療中，語言扮演著主要的角色，幾乎整個治療過程都是經由語言來進行的。雖然在榮格派的治療實踐中，夢中的意象、繪畫、沙盤、泥塑都非常重要，但是夢需要用語言來報告，意象也要用言詞來解釋。在我看來，佛教有一個基本的傾向恰與此相反，那就是不依賴語言，更為消極的，甚至就是不信任語言。我已經說過多次，絕對的存在是「前語言」的，「離言真如」表達的就是這個意識。

一位修禪的宗教學者上田閑照說過：「禪格外地不喜歡語言。」確實，「不立文字」是禪宗的格言；但是他接著又指

出:「另一方面,禪宗又引出無盡的文字。」【11】走進任何一間書店,你都會發現許多關於禪的書,所以,你怎麼能說它「不立文字」呢?禪宗的開悟本身可能是言語道斷的,但是如果你一定要講,縱使出語百萬也會數之不窮。所以儘管禪書汗牛充棟,但我們的基本態度卻是:若無切身體驗,饒舌無益。

相反地,來自於西方的心理治療卻看重語言。譬如,你在夢中被獅子追趕,於是你拚命狂奔,儘管你已經「經歷」過它了,但你還是有必要用語言來解釋此夢的意義。順便提一下,什麼才算有「意義」呢?當夢的內容很密切地與夢者的意識系統聯繫起來時,夢就有了意義;當沒有聯繫起來時,這個夢在西方看來就沒有意義。

如果有人詢問一個夢的意義,他會得到各種答案:就獅子追趕的夢而言,我夢見這個是因為我睡前看了一場電影,電影裡的主角被獅子追趕;或者是獅子代表我的父親,所以我要驚慌地逃離他;或者我不願意自己被吃掉;或者是在這短兵相接的時候,我應該與獅子一決生死,而不應該抱頭鼠竄……等。一個夢有很多可以解釋的意義,沒有對錯可言,關鍵在於它們對我們的生活道路有什麼啟迪和增益。

根據我們以上所說的阿賴耶識作用,我們得以從兩個不同的方向來看夢。一方面,當阿賴耶識以語言形式移向心生滅門(B域)的方向,就會挖掘出夢的意義;另一方面,如果阿賴

耶識轉向心真如門（A域）的方向，那麼它就會顯示出只能用「！」來表達的「心」，這個「心」反映的是夢還沒有被區分的狀態。這種只能用「！」來表達的體驗，當離開了心真如門的範圍時，就顯現和具化為獅子追人的夢境，於是對此夢的解釋將處於失語狀態。

當榮格區分象徵和符號的時候，透露出他對以上所說的已有所認識。他認為象徵的內容不能輕易地用我們已經知道的東西來替代，象徵的形式是對象徵的涵義最為合適、且不可替代的表達。我想他對這一點的強調表明了他釋夢的風格。他不喜歡別人忘記這一點，而只是簡單地拿既有的理論和觀念去做一番削足適履的解釋。他警告說：「怎樣都行，就是不要試圖去理解夢。」[12]這句話很適切地反映了他的態度。

照這樣說來，對夢有理解和非理解的兩種反應方式。榮格當然更為看重後者。用佛教中阿賴耶識的理論模式來說，就是阿賴耶識在生滅門中運作是在理解夢，而在心真如門中運作是不去理解夢。

西方的「自我」固然重要，東方的「真如」亦不可輕忽，因此，我們對理解夢和非理解夢這兩種方式予以同等的重視和欣賞。或許我們可以把所有的精力投入到解釋中，然而無論如何都不要忘了，這不是夢的首要所在。榮格所創立放大夢之內容的方法是有效的；但是同樣，放大也有理解和非理解兩個方

向,兩者同等重要。更進一步說,透過非理解的放大方法,我們就能打開自己,深入探索。

我的某一位個案傷心地說:「我解起夢來,可不像你書上所說的那麼容易。」我對她解釋,能理解的夢和不能理解的夢都重要;但在書裡面,你只能寫你可以理解的夢。為了體驗你不理解的夢,你必須專門去找一個分析師。

也許因為我是一個日本人,我更傾向於要稍稍重視夢的非理解方式,而不是相反。我在上面用的是「西方的自我」和「東方的真如」,這是為了避免使用榮格派所熟悉的「自我」和「自性」;儘管我認為「自性」重要,但是我不想讓你只是簡單地從自我－自性這個維度來「理解」夢。

當「離言真如」變得極為重要時,心理分析家只能免開尊口;但是如果你聽了個案的夢以後,一聲不吭,那治療關係就很可能會到此為止,因此最終還是得開口說話。然而,我多次想像自己身處華嚴世界裡:大日如來端坐中央,一言不發,周圍的菩薩卻正在替他滔滔論道。於是我想,在心理治療時,我們可否假設大日如來也坐在中間,而我們所說的正是他要說的話呢。也就是說,中心是寧靜的⋯⋯道居其中,道外顯為我們的語言。

既然語言表達就是將現象客觀化,那麼當日本個案把治療關係看成是要和治療師融為一體時,問題就來了。這就是上面

提到的,當我們清楚地界定醫病關係之後,日本人會認為實際上的治療關係已經中斷。因此,當嘴上進行表達時,內心之中保持沉默很重要的[13]。

日語本身非常簡單地反映了這種思維方式。譬如,講話可以不區分講者和聽眾。用這樣一種表達模式,人們能夠在一定程度上解決訴諸語言就會中斷醫病關係這個難題。在談話中,我們經常是主體、客體不分,卻仍然「交流」順暢。為了做說明,很明顯地,我不能舉日本人講話的實例,如此解釋會費時更多,還是讓我勾勒一幅圖畫吧。我們看到的不是治療師面對著個案,正劈頭蓋臉地進行解釋;而是治療師和個案正坐在一起,面對著同一方向,力圖去捕捉大日如來的意圖,同時說說話,或許這比較能表達我的意思。

7、溫柔的悲憫

當人們的關係超出個人,達到非個人的境界時,這種最深的體驗,我們幾乎不能稱它為一種感情;或許叫悲憫更合適一點。古代的日本字「Kanashi」(悲傷或憂鬱)包含 Itoshii(「愛」或「溫情」)之意,我認為此字的確包含這種混合情感。

我在一張沙盤中體會過這樣一種微妙而強烈的感受,這

張沙盤是一個三十歲的婦女擺的。它給人印象最深的特點，是在整個大的沙盤圖案中，另外擺出了一個小的沙盤圖案，在小沙盤裡擺著父母、一個小孩、房子、幾棵樹、一隻貓，顯得很普通。在大沙盤的後部聳立著一座山，薄霧繚繞，一條蛇正從山洞裡溜出，草上的露水從山側垂掉下來，這個婦女說那是眼淚。在大沙盤的前部有一條河，有魚游泳，但都朝著同一方向游，她說她不能解釋為什麼要這樣擺。

當我看到這個沙盤時，我想起了佛教的世界觀，這是我們一直在這裡思考的。我覺得這個小的圖案代表了我們日常的現象世界，而那圍繞著現象世界的是巨大的外湧能量，表現為出洞的蛇和流動的河。在這景象中，給我最大衝擊的是眼淚。誰的眼淚並不重要，因為這眼淚在一定意義上是非個人的，它們凝結著大沙盤中深深流淌著的悲憫情感，這種情感深藏於我們的日常生活之下。小的沙盤圖案裡呈現的也許是快樂和開心，但它們的底層卻是深深的憂鬱，我們還不能完全稱之為「悲憫」。

另外一張沙盤的意象也表達了這種情感，只是方式稍有不同。這是我的第一個沙盤個案，因此印象較深。它是一個十九歲的青年男子擺的，也就是我上面所說的那個夢見菩薩的青年，他有社交恐懼症，老是臉紅，因此只好老待在家裡。經過長期的治療，他膽子大了一些，儘管有時由於焦慮和痛苦，偶

而還會待在家裡,但是畢竟可以去大學讀書了。那時,我非常賣力地為病人工作,我不斷地鼓勵他戰勝病魔,於是就有了這樣一張沙盤。

他把一個小男孩埋在中央的沙子裡,臉露在外面,接著在他周圍擺了些燃燒火焰,再外面是一圈嚇人的魔鬼,這些都如實地表達了他的焦慮和痛苦。埋在沙裡的男孩好像在哭泣,在魔鬼的後面有花圃和婦女,呈現出一派歡樂的氣氛。但是這兩部分看起來相隔很遠,好像很難「協調」起來。這時他又在靠前的部分放了兩個人,不用解釋,我知道他們象徵著治療師和個案。做完之後,他說:「我想表現我目前是多麼地痛苦,然而在我放這些東西時,在治療師的帶領下,我覺得我的一部分已經慢慢地接近了一個非常快樂的世界。」我聽了後非常高興地對他說:「讓我們共同努力,奔向那個美好的世界吧。」而我的注意力已朝快樂飛奔而去。

幸運的是,這個病人確實好轉了,當他擺了十幅更加有意思的沙盤之後,我便高興地在一些會議上展示他的沙盤圖片。在上面這幅關鍵的圖案裡,我認為在中間的那個男孩是正受著症狀折磨的個案,爾後他在治療師的幫助下,找到了他生命中健康的力量。我正要假設治療師的作用就像擺在前面的兩人中的一個,並且正欲對此做出講解時,忽然又對這個沙盤的擺法有了新的解釋。

如果我們把這個沙盤和前面那一個做個比較，我們就會發現其相似性。現在我開始明白，這個擺在外部令人愉悅的世界，是由那個受苦而悲傷的中心支撐的。在中間只放一個人是因為：這是一個還沒有劃分主體－客體的世界，因此理所當然地只用一個人表示。當離日常生活更近時，區分產生了，於是擺兩個人就比較合適，一個是治療師，一個是個案。我對治療師作用的誤解，實際上給個案帶來了更多的痛苦，拉長了治療的時間。

我相信治療師應該把自己放在中央位置，與個案融為一體，共同承擔最為深層的苦痛與悲傷，於是，自然而然，日常的世界開始打開，治療師和個案方能在那裡體驗許多愉悅。儘管我強調悲憫，但我不會讓自己成天消沉沮喪，以淚洗面；相反地，我越來越能領受生命的喜悅與歡欣。在做心理分析時，我盡力把自己放在那個悲憫的中心，而不是教導病人這個世界是多麼的美好。悲憫久了，快樂的世界自然就會降臨。

8、關於人的科學

我在前面講述了一些古代的佛教故事，現在作為結束，我想要探討一下我所討論的（內容），對建立一門「新科學」是否會有所貢獻。我已經講過，現代科學在控制外物上及在

機械運作方面都很有效率,但是它不適合從整體上來研究和把握一個活生生的東西。所以我認為,為了將人作為一個整體來理解,我們需要有一門新的科學。但是和現代科學的方法論不同,新的科學須以研究者－現象這種關係的存在為前提。當探究這樣一種關係是如何運作時,不同層次的意識所體驗的現象都必須予以考慮,而不是只考慮現在應用於現代科學研究的意識所能把握的現象。

當你從佛教緣起（engi）的觀念立場來看待事物之間的關係時,萬物的湧現和存在的動力性、同時性、互依性的重要就突顯了出來;也就是說,一個人不僅要注意臨時的偶然關係,還要注意共時性的必然關係。在這裡,觀察者的某種體驗是我們必須獲得的一種知識,這種觀點和現代科學不同,在後者看來,「普遍」知識的獲得和個人的體驗沒有任何直接關係。

我認為只要你把「人」作為一個整體來研究,以上內容就必不可少。儘管新科學和現代科學不同,但我仍然稱之為「科學」,因為它不用「絕對理論」和教條來解釋現象,而是以人們的體驗為基礎,去尋找一些法則,建構一些並非絕對的理論。它認為這些理論並非必不可少,因為它的目的在於反思經驗。由於它具有這些性質,所以我們可以稱之為一門科學。但是,它和現代科學是不同的。除非我們全然地認識到這個事實,否則就容易把它和巫術混為一談。

我雖然不能從知識上將現代物理學和古典物理學做一個比較，但是我知道，現在做研究都得把觀察者和被觀察的現象之間的關係納入研究範圍，否則寸步難行。我在此建議，把我的想法叫作「人的科學」。我有一種預感，這種不對人和物加以區分，而將其作為一個整體來研究的新科學即將誕生。與舊的科學相比，它會更無限地接近宗教。那時，佛教中的思想，像是華嚴的觀點就會大放異彩。

最後，我想談一下免疫學領域的一篇研究報告，它與我的想法不謀而合。根據這項研究，人體的三大系統——神經系統、內分泌系統、免疫系統，都是獨立運作，卻又和諧共處。每一個系統內部都是作為一個整體在運作，而且，儘管沒有一個中央的控制機制，這三個系統卻和諧得就像一個整體。我的朋友多田富雄（Dr. Tomio Tada）博士由此斷言：「人體是一個超系統。」[14]

由此我想到，人類的精神也應該被看成是一個「超系統」。我已經反覆討論過意識的不同層次，同時也指出過，即使是邏輯上相互衝突的東西也能共存於人的精神之中，這種共存確實是有價值的。我認為人腦不同層次的意識都分別是一個整體，此外，它們又合起來作為一個整體，像一個沒有中心的超系統一樣和諧運作。簡而言之，我認為心靈是一個整體，當它健康運作之時，並不需要有一個整合的中心。

榮格稱日常意識的中心為「自我」，當現代西方把這個「自我」視為神明時，榮格卻指出了「自性」的重要意義，這是他的偉大貢獻。但是我們不能忽略一個事實，那就是榮格賦予了「自性」一個自相矛盾的本質：他說「自性」是「中心」，同時又強調自性是「全體」。有這樣一則軼事：一個聽眾問榮格：「什麼是自性？請給我們舉一個例子。」榮格答道：「你的全部！」但人的全部要整合為一個整體是不容易的。[15]

有一些人可能會說，如果一個系統作為一個整體運轉良好，我們就可以叫它「整合體」。而一般認為，整合體裡面應存在著一個在中心發揮控制作用的原理或規則，但是我認為萬事萬物——包括人類在內——運作良好，並無需人類所編造的中心和原理。

在這一系列演講的開始，我講述了我在東、西方文化衝突中所遭遇到的麻煩，在這痛苦的過程中，我深信這兩種文化是可以整合的，並且談起整合還頗為輕鬆。但是，幾經艱苦的嘗試後，我逐漸認識到「整合」是不可能的。如果企圖很快整合的話，甚至會有些危險，它容易使人忽視那些不利於整合的東西。一種新的科學不能為了達到一個簡單的邏輯整合體，而費力去拼湊一個知識系統。

這些對整合與非整合的解釋，在西方的知識體系看來，顯

得有點混亂，甚至像是胡說八道。然而，如果我能接受「衝突和矛盾是重要的」這種觀點，那麼在確認整合是不可能之後，我還得加上一句，予以時日和洞見，整合也是可能的。這個工作也許並不是那麼令人望而生畏。但是為了建立這種關於整體的新科學，我們就必得打破陳規，開放自我，進行富於想像的感知和思考；我們就必得振作精神，百折不撓，貢獻出我們最大的力量。

備註
【1】 榮格：〈實用心理治療原則〉（Principles of Practical Psychotherapy），見於《榮格作品集》第十六卷第 8 頁。
【2】 榮格：〈實用心理治療原則〉。
【3】 熊倉功夫：〈形式的嚴格與擺動〉（Strictness and Swaying of Kata），見於《日本文化中的形式》，Minamoto Ryoen 編（創文社出版，1992 年），第 71-93 頁。
【4】 譯註：在這裡表現為藝術皆為「形」的顯現。
【5】 河合隼雄：《高山寺的夢僧》，第 173-177 頁。
【6】 《榮格作品集》第十六卷第 8 頁。
【7】 譯註：大致為：構成每個人的因素相同。弱化個人的「強勢的因素」，虛心靜待，「弱勢的因素」就會呈現，這時就會進入深定之中，就會有另一個我呈現⋯⋯等等理論。
【8】 羽毛田義人（Yoshito S. Hakeda）：《馬鳴菩薩造大乘起信論》（The Awakening of Faith, Attributed to Asvaghosha）（New York: Columbia University Press, 1967）。
【9】 井筒俊彥：《意識的形而上學：大乘起信論中的哲學》（Metaphysics of Consciousness: Philosophy of Awakening of the Faith in the Mahayana）（東京：中央公論社出版，1993

年)。
【10】 譯註:即生活中的某種狀況。
【11】 上田閑照:《佛教禪宗》(*Zen Buddhism*)(東京:築摩書房出版,1973年),第65頁。
【12】 榮格:〈夢的分析的實際運用〉(The Practical Use of Dream-Analysis),見於《榮格全集》第十六卷,148頁。
【13】 譯註:在語言層面講清楚,而在內心深處沉默著的,卻是兩人有一個共通的世界。
【14】 多田富雄:《免疫學的語義學》(*Semantics of Immunology*)(東京:青土社出版,1993年)。
【15】 馮・法蘭茲博士(Dr. Mare-Louise von Franz)在蘇黎世榮格研究院的一次演講中提到了這件軼事,當時(1962-1965)我還是那裡的學生。

結語

榮格在《移情心理學》中分享了一段很有意思的插曲：

在 1907 年我和佛洛伊德初次個人會晤時，我理解了他所說的移情現象的極其重要性。數小時的長談稍停時，他突然憂鬱地問我：「那麼，你怎麼看移情呢？」我深信不疑地回答說這是分析方法中的阿爾法和歐米加[1]，於是他說，「好了，你已經掌握了主要的東西了。」[2]

此後移情／反移情便成了心理治療領域中最為重要的問題之一。

關於如何看待移情，兩個禪僧的故事給了我啟迪。兩個僧人在雲遊途中，要渡過一條河。這時一個美麗的女子走了過來，好像過河有點困難。一個僧人見狀，二話不說，抱起她就過河去了。女子走後，兩個僧人又繼續趕路，一路上都不說話，突然一個問另一個：「我老是在想，一個僧人抱年輕女子，是對還是錯呢？儘管這明顯是為了幫她。」另一個人說：

「我過完了河,就把她放下了。而你現在都還抱著她。」

這個故事中有一個悖論,守著色戒的僧人反而為色所困;而另一個僧人,則自由得像風一樣。風會接觸、擁抱,或者有時還吹打世人和萬物,卻從不停在某一個地方。

由此我想到,在思考移情／反移情時,把醫病關係模式化成父母與孩子的關係,化成戀人之間、兄弟姐妹之間,以及朋友等等之間的關係,有時是會有幫助的。但是如果你只有這一種思路,你對移情／反移情的理解可能會過於停留在個人層次,而忘記了從靈魂這個角度來理解它。如果你用另一種模式來看醫病關係,如果你把當時的情境看成是個體與石頭、樹木、河流、風,以及其他的大自然景象之間的相遇,心理治療的水平可能會深得多。

戴維‧羅森以一首日本著名作家的詩歌(俳句)為序言的開始,這裡我就以一首佚名的西方詩歌來做結語的結束:

千縷微風
不要立在我的墳前哭泣,
我沒有睡在那裡。
我是拂過的千縷微風,
我是雪地上的鑽石閃爍。
我是成熟穀粒上的陽光燦爛,

我是秋的天空中細雨緩緩。

當你醒在寧靜的清晨

將你團團圍繞啊,

我是急流般的悠靜驟然升起。

我是那柔和的星啊,

照耀在你的夜裡。

不要立在我的墳前哭泣,

我不在那裡;

也與生命永不分離。

——佚名[3]

備註

【1】 譯註:希臘文的第一個和最後一個字母。

【2】 榮格:《移情心理學》(1954年)第172頁。

【3】 《千縷微風》(*A Thousand Winds*),Shii Hae 譯,(東京:San-Kan 出版,1995年,英日文對照)。

附 論

林暉鈞 ⊙ 譯

佛教與心理治療藝術 ──────── |附論一|
Buddhism and the Art of Psychotherapy

費伊講座紀行：
致日本讀者

1、來自費伊講座的邀約

1993 年 1 月底,我收到素昧平生的戴維・羅森(David H. Rosen, 1945~)博士所寄來的一封信,邀請我擔任第六屆費伊講座(Fay Lectures)的講師。在那之前,我對費伊講座一無所知;透過信裡的說明,才知道那是怎麼樣的一個活動。

費伊講座是仿效耶魯大學的泰瑞講座(Terry Lectures)而舉辦的,以分享、交流有關分析心理學(榮格所創始的心理學派)的學術研究成果為宗旨,並且由德克薩斯州 A & M 大學出版部,將每次講座的內容以書籍的形式出版。這封信裡,也提示了過去擔任過講師的四位學者(譯案:應該是五位,或許是作者筆誤)以及他們的講題。如果我接受邀請,除了講座的四堂課,還有其他必須發表的演說。信裡的說明清楚而詳盡,不愧是美式作風。

看到這封信,我嚇了一跳。說到泰瑞講座,那是榮格在 1937 年所主講的著名的連續課程。一般所知那一次講座的標題是「心理學與宗教」,但那是後來改訂的。講稿的內容最初是以英文撰寫的,原先的標題是「科學與哲學觀點下的宗教」(Lectures on Religion in the Light of Science and Philosophy)。標題裡出現「科學」兩個字,充分顯示出榮格看待宗教的態度特徵。因為我自己也長年持續關注宗教與科學的問題,因此心

中經常想起榮格的泰瑞講座。然而，雖說費伊講座是仿效泰瑞講座而舉辦的，老實說我接到邀請時，第一個反應是「欸？為什麼找我？」羅森博士是榮格派的分析師，也是一位醫學博士。但是，過去我和他沒有任何來往，而且我根本不知道任何有關費伊講座的事。

為什麼決定找我當講師？結果一直到最後，我還是沒有問他。或許是因為我過去出版的兩本英文著作，在榮格派的心理學家之間風評還不錯吧！現在年輕的日本人或許無法理解，但是像我這一輩有點年紀的，特別是專攻文科的人，如果接到來自國外的演講邀約，總是忍不住會覺得「這是真的嗎？」當然，如果是研究日本文化的專家，那就另當別論了。

以我自己的情況來說，我的專業是臨床心理學與心理治療，而歐美在這個領域處於壓倒性的領先地位。目前活躍於這個領域的日本人指導者，可以說全部是在歐美學習之後，再將所學帶回日本。我自己也不例外；在瑞士的榮格研究所完成學業後，於 1965 年（昭和四十年）返國。後來，雖然我持續在日本進行研究與實踐，但當初在我的想法裡，自己還有許多事要向歐美學習，不可能有什麼東西可以教導他們。如今發生了這樣的情況，我覺得並不是因為我的能力，而是因為整個世界，以及日本在世界中的位置，已經起了巨大的變化。

關於費伊講座

在繼續我們的話題之前,先讓我稍微介紹一下有關費伊講座以及擔當講座舞台的德州 A & M 大學的幾件事。

費伊講座是卡洛琳・格蘭特・費伊(Carolyn Grant Fay, 1914-2016)夫人,在丈夫恩斯特・貝勒・費伊(Ernst Bel Fay, 1914-1986)逝世後於 1988 年所成立的基金會,與德州 A & M 大學心理學系的分析心理學課程部門,所合作舉辦的系列講座。歐美的資產家之中,像這樣將自己的資產用於社會用途的大有人在,卡洛琳・費伊夫人也是其中一位了不起的人。

在這裡需要稍做說明。在這個企劃中擔任重要角色的羅森博士是 A&M 大學的教授,但這是很罕見的情形。榮格學派的分析師擔任大學教授的人極為稀少,放眼全美國,恐怕不到十位。這一方面是因為榮格心理學本身的性格不容易融入學院的環境,二方面則是因為榮格派的分析師本身,也大部分具有這樣的性格。那麼,為什麼德州的大學裡,會有榮格學派的教授?說到這件事,就必須談起另一位富豪。

法蘭克・麥米連恩(Frank N. McMillian)是一位德州的石油工業企業家。他捐款給德州 A & M 大學(他的母校),於 1985 年設立了「法蘭克・麥米連恩分析心理學課程」。麥米連恩為榮格心理學著迷,先前介紹過的卡洛琳・費伊,也是他

的友人之一。我來到德州之後,發現當地有這麼多榮格心理學的愛好者,非常驚訝;有人告訴我,那是因為德州是「真正的邊疆」。聽了以後我不禁覺得,果真如此。讓法蘭克・麥米連恩出資,率先在大學裡成立分析心理學課程的,就是他的「拓荒精神」。麥米連恩於 1988 年死去。

於是就這樣,以卡洛琳・費伊夫人與大衛・羅森博士為中心,聚集了許多同樣具有「拓荒精神」的人,成立並經營費伊講座(Fay Lectures Series)。第一屆於 1990 舉辦,歷屆的講師與講題如下:

第一屆:韋瑞納・卡斯特(Verena Kast,瑞士),《喜悅、啟發、希望與個體化之過程》(*Joy, Inspiration, and Hope, and the Individuation Process*),1990 年。

第二屆:約翰・畢比(John Beebe,美國),《深層的統合性》(*Integrity in Depth*),1991 年。

第三屆:安東尼・史蒂芬斯(Anthony Stevens,英國),《做夢者的自然世界》(*The Natural World of the Dreamer*),1992 年。(這篇講稿在出版為書籍的時候,更題為《兩百萬歲的自己》〔*The Two-Million-Year-Old Self*〕)。

第四屆:瑪麗恩・伍德曼(Marion Woodman,加拿大),

《變革或解決？》（*Revolution or Resolution?*），1993年。

第五屆：瓊‧丘德羅（Joan Chodorow，美國），《積極想像》（*Active Imagination*），1994年。

出現在這個名單上的，都是著名而活躍的榮格派心理分析師。但是，這裡面連一位東方人也沒有；這或許也是他們邀請我的理由之一吧！我覺得無論如何，不應該錯失這樣的機會，於是接受了邀請。至於演講的題目與內容，我們約好日後討論。

原來我是佛教徒！

1993年9月，在美國新墨西哥州的阿布奎基市（Albuquerque）舉行了國際沙遊治療學會會議（International Society for Sandplay Therapy Congress）。我因為擔任國際沙遊治療學會的會長，理所當然地參加了。趁著在美國的機會，我與羅森博士在電話中，討論了有關費伊講座的細節。

參加會議之前，我先分別在美國洛杉磯與聖地牙哥等地，主持了沙遊治療的研習工作坊。先前也說過，原本我一直認為自己不可能有什麼足以教導歐美人的東西，但第一次讓我實際感覺到自己原來也「可以教導歐美人」的，就是這沙遊治

療法。已經不記得是什麼時候的事了；有一年，一群來自世界各地、關心沙遊治療的人，聚集在創始者朵拉・卡爾夫（Dora Kalff, 1904-1990）的家中，舉行了研習會。是 1985 年嗎？總之那時候沙遊治療學會還沒有成立。記得當時，我也針對各式各樣的問題，發表了一些個人的看法。研習會結束後，兩位美國的分析師來找我，告訴我他們正在治療的幾個案例，希望我能指導他們（在我們這一行，習慣說「督導」，supervise）。美國資深的分析師希望我能督導他們，著實讓我吃了一驚；總之那時候我第一次覺得，如果是沙遊治療，或許我有一些可以教導歐美人的地方也說不定。

　　事實上在那之後，有許多地方邀請我去指導，或是主持研習工作坊。卡爾夫女士過世後，我也接任了國際學會的會長一職。在擔任指導工作的過程中，我一直有一個感覺，那就是和日本人比起來，歐美人太急於確定明確的理解方式。雖然對於治療的進行來說，治療者如何理解他（她）與個案的關係，是非常重要的事，但歐美的治療師，總是太急於將關係的性質定位為「父子」、「母子」、「朋友」或「戀人」等等。但我認為真正「深刻」的關係，無法單純地用日常的人際關係來類比。

　　因為有這樣的想法，所以當羅森博士打電話到阿布奎基市給我的時候，我告訴他我想要談「心理治療中的非個人

（impersonal）關係」。羅森博士好像很意外，沉默了一段時間，問我：「你的意思是？」我告訴他寫在這本書的第四章裡的想法。羅森博士聽了以後立刻理解，並且告訴我：「這個想法非常有趣，就請你談這個。」這樣的回答我當然很高興，但是他跟著就自己決定了講座的標題：「禪心理治療」（Zen Psychotherapy）。聽到這個，我一時半晌答不出話來。如果對方是日本人，我還可以用開玩笑的方式回應：「我和『善』（譯案：日語的『善』與『禪』諧音）沒有關係；『惡』事倒是幹了一些。」但對方是美國人，這個笑話就行不通了。於是我花了很多時間跟他說明，我一次也沒有修禪的經驗。最後我們決定標題的事暫時擱置，彼此都再想想看。

隔天我們又在電話裡討論這件事。羅森博士說：「標題決定了！就用『佛教徒心理治療』（Buddhist Psychotherapy）！」我本來也想回絕，但繼而一想，自己好歹也算是個佛教徒，如果美國人聽了我的演講，覺得「這人果然是佛教徒！」那也不錯。於是我說：「被你這麼一講，我重新意識到，自己真的是佛教徒哪！」羅森博士聽了很高興，說：那就這麼決定了。後來我們又討論了幾次，最後決定採用「佛教與榮格」（Buddhism and Jung）這個標題。

奇妙的是，從阿布奎基回到日本之後，接二連三地接到許多與佛教有關的工作，讓我越來越意識到自己是「佛教徒」。

一方面是為了回應對談的邀約以及撰稿的委託，另一方面也感到時機已到，我已經不得不開始認真思考關於佛教的事了。過程的細節在本書正文中已經敘述過，這裡就不再重複。總之，過去我從來沒想過，有一天會對佛教付出這麼大的關注。

話雖如此，佛教的教義與西洋近代思想差異實在太大，幾乎可以說是從完全相反的方向發展出來的兩種思考方式。要怎麼樣才能讓西洋人瞭解這一點？費伊講座的演講內容，應該由哪些內容構成？該採取什麼樣的表達方式？從那時候起，這些事一直佔據著我的心思。

1994年有兩個月的時間，我在美國普林斯頓大學擔任研究員。那段期間，我也受邀到美國各地演講、主持研習工作坊。那時候的經驗讓我覺得，自己對於佛教的思考，即使是美國人也似乎能相當程度地理解、認同。不過，那終究是因為參加這些活動的，多半是正在思考近代文明困境的人，或是對日本與東方世界有興趣的人士。一般而言，我仍然深切地感覺到，西洋近代思考方式的影響力仍然十分強大。同時我也發現，有許多美國人認為，是經濟的力量讓日本人取得發言權，日本人要來販賣日本文化，他們強烈感到威脅。因此，如果發言不夠謹慎，讓聽眾以為我的目的是要對西洋人誇耀日本（東方）的優越之處，那麼我想傳遞的訊息，只有全面遭到否定一途。

讀過本書的正文就會明白，我並不認為佛教的世界觀是唯一正確的世界觀。西洋的優點，我也非常瞭解。因此在我的發言中，到處可以看到「那邊也很好，這邊也很好」、「那邊實在不行，這邊也很糟糕」這種模稜兩可的說法。但不論怎麼想，事實就是如此，我也只能這麼說。在以活生生的個人為對象、持續累積各種心理治療經驗的過程中，我的優柔寡斷也不斷接受淬鍊，逐漸成為具有自信的優柔寡斷。從這樣的觀點來談事情，很難只用邏輯來建構一切的論述。於是──一方面也是考慮到美國人的偏好與習慣──我從自己個人的經驗切入，來談論我的主題。事後回想起來，我的嘗試應該算是成功的。

2、洛杉磯

　　1995年3月19日，我從大阪關西機場出發。抵達德州之前，為了與吉洛・里斯（Gerow Reece）夫婦見面，先在洛杉磯停留了兩個晚上。吉洛是位如假包換的白人，但他名字的發音聽起來就像日語的「次郎」，充滿日本風味，而且他與日本人的心性非常相通。我曾經介紹一位日本友人與他認識。這位友人告訴我，有一天吉洛邀他一起開車「去一個朋友家玩」。車子一直往山上開。到了山頂，放眼望去，卻連一間房子也沒有。那日本友人正覺得奇怪，吉洛領著他走到一株雄偉的松樹

前面,向他介紹:「這是我朋友」。順帶一提,吉洛是佛教徒。

吉洛的太太幸子是日本人,也是一位榮格派的心理分析師。洛杉磯的近郊,還住著另一位榮格派分析師,目幸默僊先生。我們本來就是長年的好友,每次到洛杉磯一定會和他們兩人見面。但這一次實在時間緊迫,我還沒見到目幸先生,就不得不離開洛杉磯了。

翻譯

那一次順道造訪洛杉磯,其實是因為之前我請里斯夫婦,將我的講稿從日文翻譯成英文。過去我用英語演講、寫作的時候,都是一開始就直接用英文撰寫原稿。也就是說,我從來沒有先用日文寫稿,再翻譯成英文。那是因為日文與英文的思考方式差異實在太大,一開始就用英文來寫反而比較輕鬆。當然,每次原稿完成後,我都會請英文的專家幫忙潤稿、校訂。過去,只有同時需要用到日文與英文兩個版本的特殊場合,才會請別人將我用日文撰寫的文稿翻譯成英文(書本的翻譯除外)。

但是有一個嚴重的問題──要在日本用英文寫作,對我來說很難。當我人在日本的時候,身邊的一切都以日本的方式進行,身心狀態很難突然切換成英文寫作模式。當然,英文很好

的人另當別論,但以我的能力來說實在非常困難。因此當我需要用英文寫稿時,我都會提早到國外去,在當地撰寫。奇怪的是,到了當地,英文就自然而然地流洩而出,真是不可思議的現象。

在日本演講的時候,我一向臨場一決勝負。登上講壇、看著聽眾的臉孔,想到什麼說什麼。這樣的習慣慢慢也影響了我英文演講的做法——專業方面的授課是另外一回事——越來越多時候我只構思大致上的內容,其他到了現場再即興發揮。其實我的英文一點也不高明,但說英語的「心臟」越來越強。這種硬著頭皮上場的做法,似乎是行得通的。

這次原本我也是打算自己用英文寫講稿。但羅森博士很早就跟我說,如果我用日文撰寫原稿,再請專人翻譯成英文,那麼費伊基金會就不用幫忙檢查我的英文,之後我的原稿也可以直接在日本出版。因為有這些好處,他希望我用日文撰寫。而且那段期間我的日常行程排得滿滿的,也實在無法抽空提前到美國寫稿。這種種考量加在一起,我決定聽從羅森博士的建議。不過就像博士所說的,「前提是能找到好的譯者」,這一點確實非常重要。有時候翻譯會相當程度改變原文的意思。那時候我心裡立刻想到里斯夫婦。如果是請他們來做,就一定可以放心。

吉洛是英文老師,對佛教也很了解。而且先前我將自己所

寫的《日本人的傳說與心靈》翻譯成英文的時候，也請他幫我校訂過英文，我們的心意可以互通。再加上他的夫人幸子是榮格學派的，可以說所有的條件都齊全了。最大的問題是我自己太忙，原稿遲遲未能完成，只留給他們極短的時間。所幸他們合二人之力，如期完成了翻譯。本來我還想著，這一次一定要預留充足的時間、從容地進行，結果還是重複和過去同樣的慣性。雖然我認為，慢慢做的成果不見得就比較好，但造成別人的困擾，總是不對。後來里斯先生跟我說：「翻譯的工作很有趣，但如果還有這樣的機會，請多給我們一點時間。」聽了這個話，我只能羞愧不已。

話說回來，這雖然是演講稿，寫起來卻困難重重。設定的聽眾是美國人，構思的時候必須考慮這一點。但因為我人在日本，而且以日文撰寫，總覺得寫起來綁手綁腳，很不自然。要不是在平常日文不需要主詞的地方硬是放入主詞，就是寫出像從英文直譯過來的日文——總之寫出來的東西，和我平常的文體非常不同。還有一個困難之處，就是在敘述佛教思想時，該以什麼方式表達？如果對象是日本的讀者，我就會放心地引用更多的《華嚴經》，或是井筒俊彥先生的文章等等；但考慮到翻譯者的負擔，就不能這麼做。有些事情用日文思考的時候，我覺得自己已經懂了，卻很難用英文表達出來；但做不到這一點的時候，其實可以說自己還沒有真正瞭解。所以過去我一直

認為，就算再不流利，還是應該自己先用英文寫寫看。

停留在洛杉磯的那兩天，我們一起檢討了譯文。我們一一討論那些我覺得譯文沒有充分傳達我的意圖的地方，或是相反地，有些地方里斯夫婦覺得我的說法美國人無法理解。總之，該修改的就修改。老實說，兩天的時間並不是很充分，但至少我們得以全部檢查了一次。後來我們約好，等我出發以後，由他們兩位就修改的地方重新謄稿，再傳真給羅森博士。

大概有人會說，難得有到美國講課的機會，我應該用更充裕的時間來準備。我自己也是這麼想的。不過我想像了各種可能性，現實上好像也只能這樣。就算花很多時間，也不能保障成果一定比較好。當時我結束了原先在國際日本文化研究中心的工作，在等待5月21日接任所長的那段期間，暫時沒有任何職務，於是用了許多時間來從事心理治療的工作，多的時候每週長達二十小時左右。因為一旦接任所長，能運用在這方面的時間勢必會減少許多，所以我努力把握這個機會。出發到美國的前一天、回到日本的隔天，都安排了諮商面談。我所發表的見解，有許多是從心理治療的經驗中學來的，因此就算終止心理治療的工作、把時間挪來寫作，應該也不會提高成果的品質吧！在擔任國際日本文化研究中心所長的今天，更必須認真思考各種工作之間的平衡。不過那和我們現在談的事情沒有太大的關係就是了。

地震

　　阪神大地震發生在那一年（1995）的1月17日。我的記憶仍然非常鮮明，後來也曾幫忙處理災後心理照護的問題。因此在檢討譯文的空檔，我和里斯夫婦很自然地就聊起地震的話題，比較、對照前一年的洛杉磯大地震（在美國稱為「1994北嶺地震」〔1994 Northridge Earthquake〕）與這一次的阪神大地震。里斯幸子女士本身也以曾經以心理治療家的身分，參與PTSD（創傷後壓力症候群）的治療工作；阪神大地震發生之後，她立刻在第一時間透過傳真送來各種關於心理照護的參考文獻，提供了許多幫助。也因為這件事，我們利用休息時間討論了許多有關震災的事。

　　日本在災難發生之後，沒有出現像洛杉磯那樣的暴動或搶奪的行為，這件事很自然地成為我們的話題之一。洛杉磯大部分的居民都親身經歷了當時的大暴動而餘悸猶存，因此常常討論這個問題。身為日本人，這當然是值得高興的事，但當時日本政府的緊急處置反應之慢，也令人瞠目結舌。我認為這兩個現象來自同樣的根源，也就是日本人的人際關係型態。我告訴里斯夫婦我的想法，他們也表示贊同（我曾在《世界》雜誌1995年7月號中，以〈震災與「一體感的人際關係」〉一文討論這個問題，這裡就不再贅述）。類似這樣的日美比較，對

我來說其實非常重要；因此我在費伊講座的歡迎酒會上，也曾舉出其他的事例來談論這一點。當時我所發表的內容，就收錄在本書的前言裡。

里斯幸子女士告訴我她透過沙遊，治療 PTSD 症孩童的經驗，給了我許多啟發。關於這一點，她自己或許會在其他場合發表，這裡就暫且省略。從各方面討論之後，我們得到一致的結論，那就是雖然同樣經歷了大地震的災害，日本的 PTSD 症患者應該會比美國少。之所以有這樣的想法，是因為日本人是以「整體」來承受震災的打擊；個人所感受到的孤獨感，不像美國那麼強烈。當然，這一點還有待觀察今後實際的狀況，現在還無法斷言，但當時我們是這樣預想的。不過我們也認為，還有其他的因素必須考慮，不能只憑這一點就判定日本式的人際關係比美國式的人際關係「好」。關於這一點，我們的意見也是一致的。

那麼，我們該怎麼看待這件事？關於這一點，我在講座中陳述了我的看法。讀者們看了本書的正文，必定會明白我的意思。

3、德州

說到德州，我首先想到的就是沙漠；美國西部片常常出現

的景色,不由自主地浮現我腦中。然而當飛機降落在休士頓,進入眼裡的卻是完全不同的風景,讓我嚇了一跳。這就像外國人來到日本,以為走到哪裡都可以看到富士山與櫻花一樣,完全就只是對當地的認識不足。就因為我們經常對別的國家抱有先入為主的刻板印象,所以到國外旅行是很有意義的事。很多時候我們必須親眼看到現場,才會知道「原來如此」。德州的面積異常遼闊,以為德州全部都是沙漠的人,一定是腦袋有問題。休士頓是個充滿綠地的美麗都市;如此綠意盎然的大都會,世界上應該不多。一到郊外,放眼望去,草原上開滿了各色各樣的野花,真是美極了。我們所熟悉的、日本鄉下的初夏,四處綻放的野花讓人覺得無比清爽;雖然花的種類不同,但這裡就是那種感覺。羅森博士是俳句的愛好者,似乎很喜歡這樣的感覺。一起開車出去的時候,途中要是看到一大片盛開的野花,他就會停下車來,邀我一同在草原上快樂地散步。就算只是為了享受這樣的景色,將來我也想要再來德州一趟。

榮格教育中心

從休士頓機場出發,第一站去的就是「休士頓榮格教育中心」(C. G. Jung Educational Center of Houston)。在那之前,在機場發生了一件意想不到的事。正在等行李的時候,一位上了年紀、氣質高雅的女性向我搭話:「請問是河合先生嗎?」

跟著她自我介紹：「我是卡洛琳・費伊，剛剛我們搭的是同一班飛機」，讓我嚇了一跳。她剛去夏威夷開完會，回程剛好和我同一班飛機。那時她應該將近八十歲了吧？但看起來精神奕奕。她本來就知道會和我搭同一班飛機，看到應該就是我的人，試著打了招呼。能在出乎意料的地方相遇，我非常高興。

　　榮格教育中心離近代美術館很近，是一棟雄偉的建築。當我知道這棟建築也是卡洛琳・費伊女士捐贈的，著實吃了一驚。榮格教育中心設立於 1958 年，以榮格學派來說，算是歷史古老的組織。1959 年我來到美國的時候，榮格派仍然是少數。在當時的環境下能夠成立這樣的組織，很大的原因就是德州人的「拓荒精神」，以及女性的力量。包含卡洛琳・費伊在內一共有四位女性，盡心盡力促成了教育中心的成立。榮格心理學本身的性格——特別是早期的時候——很難融入學院的環境，而且不容易為男性所接受。雖然在 1970 年以後，人們對榮格心理學的理解突然變得普及，但是在 1950 年代，若不是心胸開闊、敢於面對本質、不顧自己的社會地位、具有獻身精神的人，是不可能為榮格心理學付出這麼多心力的。而能夠做到這一點的終究不是男性，而是女性。

　　這個教育中心的特色是藝術類的活動。舞蹈、繪畫、黏土工藝、沙遊，以及冥想、身體訓練等等，非常盛行。除了演講廳以外，也有專為上述活動準備的教室、房間，還陳列了許多

學員們的作品。整體而言,非常讓人感覺到自由的氣氛。這或許也是來自德州這片土地的精神吧!

埃爾華德神父

隔天中午,我發表了大約三十分鐘的短講。那是當初答應擔任費伊講座講師的時候,就說好的事情。演講的場合,是榮格教育中心的資助者一年一度的聚會;他們聚集起來聽客席講者(這一次是我)的演說,再一起吃午餐。這時候收取的會費,對維持中心的營運很有幫助。

當時發生了一件對我來說非常大的驚喜,那就是教育中心的前所長詹姆士・埃爾華德(James Elward)神父,在我的演說之前上台簡短致詞。埃爾華德神父曾經在 1978 到 1981 年之間擔任該中心的所長,卸任後也以當地榮格學派指導者的身分,受到許多人的敬愛。話說回來,為什麼埃爾華德神父的出現,會令我驚喜呢?因為他的名字與我一件難忘的回憶,緊緊相連。

1959 年我第一次到美國的時候,曾經接受馬文・斯皮格曼(Marvin Spiegelmann, 1926-)博士的心理分析。是那時候發生的事。當時我一邊在精神醫院打工,工作的內容是用移動式的病床,把住院的患者推到戶外曬太陽,並且陪他們閒聊一個小時。酬勞是多少錢我已經忘記了;但光是能像這樣和美國

的患者說話,對我來說就有很大的意義。

那時候我負責某位中年男性的患者,但完全無法得知醫生對他的診斷。我覺得他應該不是精神病患,只是不知道為什麼,卻住在精神醫院裡。無論如何,隨著每週的見面,我們逐漸變得親近。有一天他用很嚴肅認真的表情問我,知不知道他被診斷出來的病名。我告訴他我不知道。他說,醫生瞞著他不講,但他不小心看到了自己的病歷,所以他知道。他罹患的是一種稱為「多發性硬化症」(Multiple Sclerosis)的不治之症,什麼也不能做,只能等死。在當時美國的醫療制度下,醫生並沒有「告知病情的義務」,大家都是在隱瞞患者的情況下進行治療。

回到住處後,我查了一下多發性硬化症的資料。瞭解實情後心情變得很沉重,想要辭掉打工的工作。對我來說,那已經不再是「曬太陽閒聊」了。我向分析師說了這件事,他告訴我:「如果是這樣,那麼你可以直接跟他聊聊關於多發性硬化症的事,並且討論迎接死亡的準備。」那是我第一次聽到「討論迎接死亡的準備」這句話,受到強烈的衝擊。如果是現在或許還好,但 1959 年的當時,對我來說實在難以承受。分析師繼續說下去:「我的朋友詹姆士‧埃爾華德是一位榮格派的分析師,也是位天主教的神父。他所從事的分析,是專門為瀕死的人做心理上的準備。」

那時候我痛切地感受到，自己所選擇的、心理分析師這條道路，是多麼地嚴苛險峻。同時我也發現，從小總是不斷思考「死亡」的我，在懵懵懂懂的狀態下所選擇的這條路，非常適合探討這個問題（我一頭投入榮格派的學習時，並不清楚那是什麼樣的學派）。

聽到分析師這番話，我一方面受到衝擊，一方面也很高興。但我還是告訴分析師，當時的我實在無力承擔。分析師告訴我，做不到的事不必勉強，只要好好跟醫院說明理由，請他們讓你離開就好。從那時候開始，這位將我做不到的事化為可能的大前輩，埃爾華德神父，名字一直深深印在我心底。沒想到，竟然能在這樣的場合見到他。對於當年的我來說，他就像遠在天邊、伸手無法觸及的人；但我想，經過三十幾年分析師工作的磨練，現在的我或許可以平常地和他講話了吧！

埃爾華德神父的身形微胖，給人溫暖的感覺。有一些關注死亡與自殺問題的臨床心理師，本身也讓人感覺彷彿死神就跟在他們身邊，但埃爾華德神父完全不會。我不禁覺得，果然是有能力長期陪伴瀕死者的人。雖然我們之間的談話很簡短，但已經可以感覺到他是一位虔誠的基督徒，而且對宗教與信仰抱持自由開放的態度。

後來我告訴埃爾華德神父，年輕的時候接受斯皮格曼博士的分析時所發生的事。神父聽了之後，露出懷念的神情說：

「好久沒有見到馬文了！」早年在蘇黎世榮格學院，他們是「同學」。那個時代的榮格學院，聚集了許多才能卓越的人，日本人熟知的詹姆斯・希爾曼（James Hillman, 1926-2011）也是其中一位。埃爾華德神父告訴我「非常期待你的演講」，而且真的來聽了我的演講。事後他表示內容很有趣，他很喜歡。看到身為基督徒的他，對佛教的思想顯示出如此深刻的理解，內心非常感動。

原罪

我在那三十分鐘的短講裡所談論的，是過去在埃拉諾斯會議（Eranos）上發表過的「神話在隱匿的基督徒中變形的過程」（「隱れキリシタンにおける神話の変容過程」）。由於時間有限，這一次我省略了細節，只指出一些重點。其中最主要的一點就是，堪稱基督教核心概念的「原罪」，在隱匿的基督徒之間消失了。我在其他場合曾經發表更詳細的論述[1]，有興趣的讀者不妨參考。簡要來說，在隱匿的基督徒之間流傳的神話中，夏娃與亞當吃了禁果之後，乞求神的原諒，而神也答應了他們。這樣的神，和舊約裡描述的神是完全不同的。可以想像的是，當時隱匿的基督徒從傳教士口中聽到這個故事，在口耳相傳的過程中，逐漸轉變成符合日本文化習慣的型態。

在談論這一點的時候，我觀察了聽眾的反應。如果他們

對基督教的教義抱持頑固的信念,那麼應該會對日本人的這種「方便主義」發出冷笑,甚至笑出聲來吧!尤其是距今二十多年前,說不定那是一般人很普遍的反應。但事實上,當時在場的沒有一個人露出輕蔑的表情。很多人臉上帶著微笑,但看得出那是善意的笑容。也有人露出認真思考的表情。更令人驚訝的是,甚至有人輕輕地鼓掌。還有人在演講之後跟我說,「我們一直被原罪的重擔壓得喘不過氣來。」

從這一件事可以看出來,美國也正在發生巨大的轉變。但是在轉變的同時,也有人開始反省「這樣真的好嗎?」對一味追求「進步」、向前直衝的歐美近代文明來說,「原罪」的概念在正面的意義下扮演了煞車的角色。事實上,說到毫無思索地接受科學與科技、追求不必要的「進步」與「改變」,日本人的情況比歐美人更嚴重。那不正是因為,日本人沒有可用的煞車嗎?

我認為,近代科學的根源正來自基督教。有太多人對伽利略宗教審判的認識太過單純,只意識到基督教與科學對立的部分。它們確實有對立的一面,但是我們更應該注意另外一件事實:在全世界當中,近代科學的思想只發生在基督教文化圈。換句話說,近代科學思想是基督教的寵兒。近代科學家的信念──「宇宙中存在唯一且普遍的真理」,是從信奉唯一真神的基督教衍生出來的。但就算科學家努力追求這樣的真理,只

要他意識到自己所背負的「原罪」，就不致於「放手」讓科學盲目狂奔。歐美的科學家之中，應該也有人認為基督教的教義是胡說八道吧！但是傳統的重量不容小覷，它的影響是超乎我們想像的。

沒有任何顧忌的「放手」是很可怕的事。日本將自然科學與基督教切開，只引進自然科學，因此在許多方面「放手」讓科技四處橫行。日本人得意洋洋地宣稱自己是「熱愛自然」的國民，但是日本破壞自然的程度，早已成為世界少數的列強國家；這樣的事實我們要如何解釋？以「佛教」、「神道教」或是「日本教」為背景引進自然科學，會帶來什麼樣的結果？關於這一點，我幾乎沒有沒聽過日本的自然科學家發表過任何意見。不僅如此，日本的宗教家對科學也幾乎是毫不關心──或者說是無知也可以。我認為要思考二十一世紀的日本未來，這些事非常重要。今後的自然科學與科技，想必也是毫無節制地一路發展下去吧！作為其後盾的宗教，應該有什麼樣貌？我們必須認真思考這個問題。事實上，我對佛教的關心就來自這裡。

大學城

聽到「大學城」（College Station），讀者們認為那會是什麼？事實上那是德州 A & M 大學所在的城市名。它位於休

士頓的西北方，開車不到兩個小時。A & M 大學設立於 1876 年，最初以農業與工業為主，如今擁有美國各大學中最廣袤的五千兩百英畝校地，以及四萬五千名在籍學生，是廣受美國人喜愛的大型學校。顧名思義，「大學城」是以大學為中心的都市，四周環繞著野花盛開的草原，環境非常優美。羅森博士為我安排的住宿地點就在這大學城裡，是一棟漂亮而舒適的房子。

講課之前

我的講課安排在 3 月 25 日、3 月 26 日兩天，分成四堂進行。正式講課之前，我還先在羅森博士「宗教與心理學」的課堂上，談論了佛教。這也是當初就說好的事。之前在榮格教育中心的短講也是如此，我很高興有這樣的機會在大眾面前練習用英語說話，當作正式講課的熱身。我覺得這也是羅森博士當初的考量。羅森博士告訴我，為了讓學生在聽我說話之前有一些概念，他事先為他們概略地介紹了佛教，結果有些學生反應：「這樣的東西真的是宗教嗎？」他們的思考方式強烈受到基督教影響，無法想像沒有唯一真神的宗教。要怎麼向美國南部的大學生談論佛教？——我不禁思考。

結果就如往常，我還是現場即興發揮，因此自己到底講了些什麼，已經不太記得了；但我確實記得學生們聽得興味盎

然。有一位學生熱心地提出了許多問題，後來羅森博士告訴我，他就是先前強硬地主張「佛教這種東西不能算是宗教」的人。這些學生之中，後來也有人來參加費伊講座的課程。

　　我在那門課堂上最強調的一點，就是近代科學切割、細分人的意識，讓它變得條理分明，但佛教的思維是朝著相反的方向發展而成的。自然科學的方法論試圖區別所有的現象與事物，佛教則相反；佛教重視的是融合一切事物、不加以區分的意識狀態。從近代的意識來看，後者的狀態是「病態」或「異常」的，但事實上這樣的意識可以常保鮮明，佛教的經典中就描述了以這樣的意識所認識的世界觀。我還告訴他們，在我們這個時代，這樣的世界觀具有特別的意義。後來羅森博士表示，我的敘述方式訴諸學生們知性的好奇心，提供了與一般對「佛教」的解說非常不同的切入點。

　　話說回來，就在那時候發生了「東京地下鐵沙林毒氣事件」，美國的媒體也大肆報導。當時大家只知道那很可能是奧姆真理教的所作所為，但還不清楚事件的全貌。以羅森博士為首，當時與費伊講座有關的人士都認為那是「恐怖集團的愚行」，對於發生這樣的恐怖攻擊感到憤怒；但他們在跟我討論的時候，都表示那是全世界的問題，而不單單是「日本的事件」。他們的這種態度，或許也出於對講師的禮貌，顧慮我身為日本人的感受吧！不過在我自己心裡，卻無法用「特殊而愚

蠢」這樣一句話，就把這件事打發掉。我認為這個事件的發生，表示我們必須重新檢視日本人的心靈與宗教性；在我獨處的時間，思考了各式各樣的事情。無論如何，在不瞭解事件全貌的狀況下，也很難有什麼定論。不過回到日本以後，隨著事實浮現檯面，我覺得自己在美國所想的並沒有錯──這是所有日本人都必須認真思考的事件。關於這件事我曾在其他場合談論過，在這裡暫且略過。

　　正式講座的前一天晚上，舉行了歡迎酒會。我發現日本駐休士頓總領事，佐佐木伸太郎夫婦也在場，十分驚訝。因為在我的經驗裡，日本的總領事極少出席這一類的學術聚會。是因為Ａ＆Ｍ大學在德州勢力龐大嗎？好像也不是這樣。當總領事告訴我，過去我們曾經見過面，我更是嚇了一跳。原來那是在1984年、中曾根內閣時期的事；當時在日本參加高峰會的各國學者代表聚集在箱根，舉行了以「生命科學與人類」為題的會議，我也是其中一分子。那時候佐佐木先生任職於外交部禮賓司，負責接待與會的來賓，我也受到他許多照顧。可惜當時的情況我已經不太記得了，但佐佐木先生記得很清楚，而且對我在會議上的發言印象深刻。所以儘管公務繁忙，他還是與夫人撥空來參加這一次的歡迎酒會。

　　我在歡迎酒會上致詞的內容，有一部分就寫在本書的前言裡。佐佐木總領事對我當天的致詞也很感興趣，並且告訴我，

休士頓將舉辦一場日美文化交流的會議,希望我能參加。這是無比的榮幸,我滿懷欣喜地接受了他的邀請。因此,隔年我又會造訪一次休士頓。我一直希望能透過以英語介紹日本,為加深日美的相互理解盡一分心力;能獲得這樣的機會,心裡非常感激。過去我受邀演講,多半與榮格心理學有關;如果能像這樣,在非專業、一般的場合說話,對我來說是意義深遠的事。

真如與自性

原本我很擔心,不知道會有多少人來參加講座,結果到場的大約有八十人。有這樣的人數,就可以算是大成功了。也有人從舊金山和芝加哥遠道而來。看到許多榮格派的分析師從美國各地前來參加,心裡很感動。也或許是因為大家對佛教的關心,正逐漸提高吧!

從聽眾的反應來看,講座也可以說是很成功。與會者非常熱情,接二連三地提問。剛好這一年(1995年)瑞士的代蒙出版社(Daimon Verlag)出版了我的著作《日本的夢、神話與童話故事》(*Dreams, Myths & Fairy Tales in Japan*),寄來了一些書,希望在現場販售。雖然數量並不多,但是一下子就賣完了。

聽眾的反應熱烈讓我感到非常高興,但是講座接近尾聲的時候,我莫名地擔心了起來。他們這麼快就表現出瞭解的樣

子，這是對的嗎？最讓我遲疑的一點，就是佛教所說的「真如」與榮格學派的人所強調的「自性」（Self）之間的比較。

什麼是真如？即使對日本人來說，也很難理解。從前我在其他文章中也曾經寫過，如果真心想瞭解佛教的教義，一定要實踐守戒律、入禪定的修行──就像「戒定慧」這句話所講的──否則是不可能懂的。若是不守戒、不參禪，就算讀再多經書，也不會知道佛教是什麼。因為佛教的智慧，不是那種可以與身體的存在方式切割分離的知識。看到這裡或許有人會說，你自己又是如何？你有在修行嗎？確實，就像本書正文中所說的，我原本對佛教並沒有特別的關心。既不可能瞭解，也沒想過要去瞭解。儘管如此，卻陰錯陽差地要來講述有關佛教的課程，這是我想都沒想過的事。

為什麼會這樣？我想了想，或許是因為從事心理治療的經驗，對我來說就像是佛道的修行一樣。面對滿懷苦惱、有時甚至想尋死的人，卻什麼都不做，只是坐在他面前，這和領受公案而坐禪的人極為類似。心理治療家有必須遵守的規約，可以說就相當於佛教的戒律。長期累積這樣的經驗之後，我在不自覺的狀態下，對佛教產生了某種程度的理解。當然，我的理解完全來自個人隨性的思考，這是毋須贅言的。

話說回來，一談到真如，榮格派的人似乎都會這麼反應：「就是自性啊！」雖然我覺得自己對佛教的理解，其實也不過

就是這樣的程度,但還是覺得有什麼地方不太對勁。榮格所說的「自性」很接近東方的想法,以西洋人來說是很罕見的;因此反過來有許多日本人將榮格的「自性」理解為佛家所說的真如,或是禪家所說的「真我」。遇到這種時候,我也總是忍不住想說「不是這樣」。並不是真如與自性不同,而是東方與西洋達到這種理解的過程是不一樣的。西洋的方式是先確立自我,再從自我出發思考各種事物。乍看之下,西洋人似乎非常堅持自我,但他們不得不如此。就因為這樣,日本人與歐美人之間經常發生誤會。

如果以「從自我走向自性」這樣的邏輯來理解真如,很容易只看到直線的過程,而無法理解真如的感覺。走向真如的道路是蜿蜒曲折的。我們只能懷抱著矛盾、四處碰壁,那也不對、這也不行,搖搖晃晃地前進。總之,在歐美講述有關佛教的課程時,我常常因為發現聽眾其實無法理解而感到無力,忍不住想,自己到底在做什麼?而雖然一再發生這種事,我還是一直做下去,又是為了什麼?以佛教的說法來說,這或許就是「業」吧!

超級系統

每次想到自己的生活樣貌,怎麼樣也無法感受到經過「統合」的整體感。相反地,我覺得自己的生命充滿了矛盾。就在

這樣的時候──費伊講座的最後也提到──我從免疫學專家多田富雄教授那裡，聽到了「超級系統」（super system）的想法，心中非常感動。多田教授認為，人的身體並非由單一的中樞「統合」一切。這是非常了不起的想法。免疫系統與神經系統是各自獨立的，卻在一個人的體內和諧共存。

說不定人的心也是如此──各式各樣的獨立系統，和諧地共存。或許有人會說，讓各系統保持和諧的東西，不就是「中心」嗎？但這裡所說的，是沒有中心的和諧狀態。雖然我覺得這是很棒的想法，但老實說，在我心裡還有許多沒想清楚的地方。因此，我在講座的最後介紹這個概念的時候，是把它當作進一步思考的線索來講述的。我的說明傳達了多少這個概念的意義給聽眾？我不知道。

我覺得不僅對於人類的心理，這件事對於思考宗教與科學今後的走向，也非常重要。這一次的費伊講座中，我也談到了華嚴的思想；而華嚴的思想裡，並沒有「中心」的存在。想到這裡我不禁覺得，對於思考今後科學的新典範（Paradigm），佛教的理論將提供很大的幫助。

我希望自己在美國主講的四堂課，能成為我探尋新典範之旅的出發點。要是有那麼一天，我能將佛教與新未來的展望結合起來、向人們訴說，那不知道會有多高興。

備註
【1】　　原註：與第二章註（19）相同。

佛教與心理治療藝術 ──────── |附論二|
Buddhism and the Art of Psychotherapy

現代人與宗教：
作為無宗教的宗教

富足社會的不安

在這世紀交替的時候,以百年為單位、談論世界變遷的世紀論非常盛行。但是就算不以一百年作為單位,只思考我們能實際感受到的、三十年左右的事情,世界變化之快速激烈,也令人吃驚。這段時間內,我們的生活可以說突然變得富裕而便利。或許有些人會替我擔心——因為世界不斷變化,社會越來越適合居住,人們的煩惱逐漸減少,會不會有一天不再需要像筆者這樣的職業(心理治療師)?對於這樣的人我的回答是:不需要擔心,事情正好相反。世界越進步,人的煩惱與不安就越大越多。但為什麼會這樣?

舉例來說,拜醫學進步之賜,日本變成一個相當長壽的國家。這當然是好事。但是,人們的痛苦與煩惱因此而減少了嗎?反而是增加了才對吧!過去的人一路工作、直到退休,不久之後老祖宗就來「接人」了;於是在家人的感謝之下,離開這個世界。但如果一個人六十歲退休後繼續活到八十歲,大部分的情況,不論是對本人或周遭的人來說,煩惱都會越來越多吧!

筆者小時候的高齡者——雖說是「高齡」,那時候並沒有八十歲以上的人——會聚集在寺廟一起唱佛教的讚歌,結束後一起泡茶、啃仙貝,東南西北地聊天。當然,他們一定也有

他們的煩惱與痛苦；但是，和現在住在老人院裡的人是不能相比的。後者說不定在物質上受到無微不至的照顧，但人際關係非常貧乏。而且，過去的高齡者所感受到的「佛陀保佑」，現在的高齡者幾乎都感覺不到了，不是嗎？我甚至覺得，現在的高齡者為了保護自己不受強烈的不安侵襲，只能讓自己失去感覺。換句話說，除了讓自己「失智」，別無他法。

讓我們想想孩子的教養吧！物質越豐裕，小孩就越難教，不是嗎？從前的人對小孩的教導，「不可浪費」是很重要的一件事。這原先是來自佛教的想法。就像「一粒微塵中亦有三千佛」所說的，不論多麼微小的事物，都是與佛同等的存在，因此所有的事物都「不可浪費」。不過就算不知道這個想法來自佛教，在過去那個物資匱乏的時代，「不可浪費」的原則是符合現實需要的，因此很容易教導給小孩。

然而在這個物資過剩的時代，要教導小孩「不可浪費」變得很困難。就算是一顆飯粒也不能浪費——現在這種話變得很難說出口。時代演變成這樣，我們該怎麼教小孩呢？從前的日本，父母為了子女「什麼都肯做」，是不容懷疑的大原則。如果能做的都做了卻還是很窮，那只好請孩子忍耐；「忍耐」變成附著在所有事情上的形式。對年輕人的評價也是，「會忍耐」的就是好孩子。但是到了物資豐裕的時代，這個方法就不再適用。

因為父母不知道要怎麼教養孩子，孩子從小想做什麼就做什麼，導致「學級崩壞」等現象的發生。從來沒接受過「忍耐」訓練的孩子們，很容易就失控暴怒，引發許多難以想像的暴力事件。

這樣的情形不禁讓我覺得，物質變得豐裕後，不安與痛苦不但沒有減少，反而是增加了。說到不安，讓全日本的人都感到不安的，應該就是奧姆真理教所犯下的「東京地鐵沙林毒氣事件」了吧！許多不特定、無辜的人，遭到隨機的殺害。而且，這個殺人的行為是出於宗教的信念。如今奧姆真理教的內部實情逐漸曝光，其中最讓人們強烈感到不安的，就是這個堪稱詐騙集團的宗教，有許多年輕的信徒來自理學院與醫學院的研究所，甚至是所謂一流大學的畢業生。

就算不知道這些年輕信徒的教養如何，光是從他們擁有「良好學歷」這一點來看，一般人也都會相信他們的未來一定是幸福的。但很明顯，良好的學歷一點也不可靠。在大學裡學習到的科學知識，並不能阻止他們成為奧姆真理教的信徒。

我們以為可以信賴的事物，其實一點都不可靠──日本人在最近這幾年，一次又一次體驗到這個事實。首先是銀行。過去我們一直以為不管社會上發生什麼事，銀行總是會屹立不搖，沒想到其實銀行也是亂七八糟。跟著我們又看到許多官僚（中央級公務員）瀆職的事被揭發出來。政客的貪瀆，日本人

或多或少已經司空見慣了，但我們一直相信至少公務員是可以信賴的。結果他們也讓我們失望了。

說到這一點，過去我們以為科學是值得信賴的。然而，那並不表示從事科學技術相關工作的人可以信賴。有不少科學家公開宣稱，核能是「絕對安全」的。這種說話的方式不但違反科學家應有的態度，而且他們的承諾也完全跳票，現實中就發生了難以想像的重大災難。新幹線的隧道發生水泥塊崩落的意外，也是如此。簡單來說，如果以科學技術為職業的人道德感薄弱，那麼我們就不知道什麼時候、會發生多嚴重的事故。

現代人總是暴露在對「不可預測事故」的不安當中。社會變得富足，不安全的感覺反而比以前擴大。「少子化」是我們現在所面對的重大社會問題，而這種不安的感覺，就是少子化的遠因之一。一旦我們對未來的社會感到不安，就會擔心生下來的孩子，將來可能會遭遇巨大的不幸。越來越多的年輕夫婦因為心懷這樣的恐懼，而鼓不起勇氣生小孩。

宗教所扮演的角色

讓我們從宗教與不安的關聯，來思考宗教的問題。其實可以說只要是人，就會有感到不安的時候。人只有在許許多多不同事物的支持下，才能存活。舉例來說，家庭就是重要的支

持力量之一。其他還有自己的職業、出身地或特殊才能等等，其他各式各樣的因素。但我們有時候會突然失去這些事物的支持，或是對它們的意義感到強烈懷疑。就在這種時候，人會變得不安。

然而，對那些未曾失去支撐自己的力量、受到支持自己的事物圍繞的人來說——特別是當求生存的努力，佔據他們全部心力的時候——即使有痛苦，也不會感到不安。但是在這個豐衣足食的時代，年輕人不再需要為生存拼死拼活地工作。乍看之下這是一種幸福，但有時他們會突然發現，沒有任何東西可以支撐自己，一切看起來都毫無意義。「錢」什麼的，也不是那麼重要；有沒有家人都無所謂。一旦開始有這樣的想法，就會突然發現，世上的一切都是空，自己的生命沒有任何倚靠的對象。這種時候襲擊他們的，是來自根源的不安。有人因此而自殺，也有些年輕人連自殺的力氣都沒有，而完全失去活力。這樣的人，不論我們如何對他們說教，告訴他們活著是快樂的事、活著是有意義的事，都不會有任何效果。他們在現實的世界中，找不到任何倚靠。話雖如此，如果他們能相信超越此世、超越現實的存在，就會立刻脫離這種了無生趣的狀態。

換個觀點來說，人類不安的泉源，可以說就是「死亡」。人知道自己有一天必定會死去。一旦死去就什麼也不剩，一切歸於空無。這時候人如果能相信自己就算死了，也會與某種永

恆的存在連結在一起,大概就可以安心吧!相信就算自己的肉體死去、消失,靈魂也會留下來;或者相信自己必定會重生,所以在復活之前,必須好好保存自己的肉體。木乃伊就是這麼來的。同樣在輪迴轉世的想法裡,有些人相信來生一定會轉世為人,有些則認為也有變成其他動物的可能性。總之在這種種的想法裡,重要的是相信「死亡」不代表完全的終結,自己在某種意義下與永恆的事物連結在一起。

宗教在這裡扮演了一個重要的角色,那就是讓人安心。宗教告訴我們,就算現在這個人生是有限的,但仍然具有某種意義的永續性。換個方式說,宗教不只照管我們活著的時候,還承諾我們死後的事。也許有人會說,哪有這種蠢事!的確,在我們這個時代,有很多人覺得死後的事與自己無關。但是,這樣的人真的能「安心」地活著嗎?

民俗學者柳田國男的住家附近有一個人,無論何時看起來總是神定氣閒。柳田覺得好奇,於是向他搭話。兩個人聊了以後,柳田發現了那個人的生命態度之所以能保持安定的祕密。原來,那個人相信自己死後會進入「列祖列宗」的行列。就算死了,歷代祖宗會來迎接自己的靈魂,接納自己成為他們的一員,一起接受後代子孫祭祀。柳田認為,像他這樣對「遙遠的未來」有明確展望的人,能夠過著平靜的生活也是理所當然的。

讓我們再看看另一個完全不同的例子。瑞士分析心理學家卡爾·榮格曾經在一九二〇年左右,拜訪了美國原住民的培布羅人（Pueblo）聚落,當地老人尊貴的氣質,讓他印象非常深刻。與歐洲的老人不同,培布羅族的老人不論是舉止或容貌,都流露出不容冒犯的威嚴。不久之後,榮格明白了其中的祕密。培布羅族的老人們都住在高山上,他們相信是自己祈禱的力量,讓太陽維持正常運行。他們的存在意義,格局、規模實在非常巨大。他們相信如果自己偷懶不祈禱,全世界所有的人都無法在早晨敬拜太陽。他們會有尊貴的氣質,也是當然的事。

在上述的兩個例子中,當事人相信自己生命的尺度不限於活著的當下,而是擴大到死後,甚至是宇宙。看到這些例子,不禁讓我們思考這個時代高齡者的生活方式。現在的老人不要說是太陽的運行了,連家計的經營都與他無關。有多少現代人還會相信自己將成為列祖列宗的一員？還會相信太陽的運行必須仰賴自己的祈禱？

撇開宗教或信仰不談,現代人倒是有一個非常值得信賴倚靠的對象,那就是自然科學的知識。培布羅族長老們雖然負責太陽的運行,卻去不了月球；但是透過近代科學技術的成果,現代的人類是可以到月球去的。

不過,這卻是現代人所面對的難題。舉例來說,現在如

果有人跟我們談天堂與地獄,不論是誰都會在心裡暗想:告訴我,那種東西到底在哪裡?古時候的人相信天堂在天上某處,而地獄則在地底下,但今天我們已經無法相信那樣的事了。所以也有人覺得,所謂的宗教就是欺騙、愚弄人們,讓他們安心,或是反過來恐嚇他們的東西。尤其,認為自己「無宗教」的日本人很多。比方那些研究學問的人,「宗教」這個字眼對他們來說幾乎與「詐騙」同義,而且還有巧妙、狡猾的意涵。

宗教與科學

　　一般而言,宗教的力量會隨著科學知識的發展而減弱。若是如此,只要將來科學繼續進步,我們是不是就不需要宗教了?過去被視為「神祕」的領域,一個接一個被科學剖析開來;即使是「生命的神祕」或「心的奧祕」等等,也在生命科學與腦科學的研究下,看得清清楚楚。如此一來,過去屬於宗教管轄的領域,是否都將消失?筆者不這麼認為。

　　科學的強處,在於它的普遍性。不管是由什麼人、在什麼地方研究出來的,科學的知識都能適用於全世界。但信仰並沒有這樣的普遍性。就算有人只要相信自己將成為「列祖列宗」之一就能安心立命,但要讓其他文化圈的人們也都認同這樣的想法,是一件很困難的事。不過若是因為這樣,就認為這種想

法是無意義的鬼扯,那就未免太短視了。讓我們透過與科學對比,來思考宗教所具有的意義。

這是我常舉的例子。假設有一個人在約好的地點等待戀人,卻親眼看到戀人發生交通事故,在自己面前死去。這個悲劇讓他(她)陷入嚴重的憂鬱狀態。當這個人來接受心理治療的時候,會這麼問:「她(他)為什麼會死?」「為什麼非在我面前用那種方式死掉不可?」對於這樣的問題,科學的回答非常簡單:「出血過量。」但是,這樣的回答不能讓當事人接受,也無法消除其憂鬱的症狀。也就是說,當這個人問「為什麼」的時候,他(她)問的不是「一般人」,而是「我的戀人」;不是普遍的現象,而是他(她)生命中的重大事件。

人這種存在,無法不從個人的立場思考「這件事對我來說,具有什麼樣的意義?」然而所謂的近代科學,就是透過排除「與自己的關係」而成立的知識體系。從科學知識的角度來說,不論那是自己的戀人,或是毫不相干的陌生人,人只要出血過量就會死。也就是說,科學知識是以不涉入的態度,從客觀的立場觀察某一現象所得到的結果。近代科學就是這麼產生的。正因為如此,近代科學的知識才具有普遍性。但失去戀人的人想知道的不是這個;他(她)要的是對身為個人的自己來說,具有意義的智慧。

宗教所扮演的角色就在這裡。隨著科學研究不斷進步,我

們可以用生物學或醫學來說明人的出生與死亡。但是當我們從「與自己的關係」來思考「我為什麼會出生到這個世上來？」「我為什麼一定會死？」的時候，科學無法回答。對於這些問題，儘管宗教所提供的解答非常個人化，卻具有某種程度的普遍性；也就是說在同一個解答之下，會形成某種特定的宗教團體。這樣的普遍性和科學的普遍性是不同的；那是因為某個團體的成員共有某種主觀的立場，而產生的普遍性。因此，即使有許多人信奉的基督教或佛教，也不會成為全世界共通的宗教。而且不論是基督教或佛教，內部也都分成各種不同的宗派。

宗教的根本是「與我的關係」。在這個意義下，宗教是非常個人化的，卻也因此成為極度集體化的東西。這樣的矛盾，正是「人」這種存在的特徵。雖然是在「與自己的關係」中思考出來的意義，卻因為自己與許多其他的人共有同樣的意義，而感到安心。因為相信那不是個人的，而是「普遍的」事實，當事人有強烈的安定感。很多人相信自己所信奉的宗教是絕對正確的、普世的真理；如果覺得那只是「自己任意的想法」，他們會感到不安。

一旦宗教團體的規模變得強大，成為支持某個文化的要素，就會開始擁有驚人的力量。舉例來說，最近筆者造訪埃及，看到在那遠古的時代，竟然能建造出如此巨大的金字塔、

壯麗的帝王與王妃陵墓，不禁讚嘆。或許有人會認為，那是古埃及強大的王權奴役人民、逼迫他們所做的蠢事，但我覺得不完全是如此。我認為陵墓的建造工程中，包含了當時每一個人的「重生的願望」。建造那樣的工程與其說單純是為了帝王，還不如說是透過「為帝王（作為人們的代表）的重生而工作」這件事，讓每個人都能參與重生的信仰。若不是這樣，不可能每一個細節都做得如此精巧而優美。

古埃及人的信仰，後來發展成木乃伊的製做。但是在經過五千年以上的歲月之後，木乃伊已變成埃及政府向來自全世界的觀光客收取門票的道具；木乃伊在這個時代的貢獻，就是增加埃及這個國家的外幣收入。古埃及人希望得到重生的願望，完全遭到忽視。換句話說，古埃及人所認為的普遍的真理，在現代並未獲得認同。

但如果因此就認為宗教的真理沒有意義，這樣的想法太輕率了。因為在數千年的漫長時代中，古埃及的重生信仰不但讓無數人獲得心靈的平安，更成為催生埃及文化的原動力。

科學知識所具有的普遍性，力量真的非常強大。可是對於人的生命、人的生存來說，只有科學的知識是不夠的。每個人都需要適合他的宗教。但是現代人必須了解一件事——不論自己所寄託的是什麼樣的宗教，都不可能是適用於全世界的普遍真理。

日本人與宗教

談到宗教我們必須知道，在世界各地之中，日本的狀況是極為特殊的。舉例來說，我在埃及旅行的時候，遇到了一位長期居住在埃及、與當地人交往密切的日本人。他告訴我，與當地人交情變得越來越深以後，他們一直勸他信奉伊斯蘭教，這件事讓他覺得很困擾。對埃及人來說，一個人信奉伊斯蘭教是理所當然的事；不信教的人要不是敵人，就是惡人。然而同時，他們又覺得他是一個值得交往的朋友。他們無法想像，這樣的人竟然不信奉伊斯蘭教。不但如此，當他告訴埃及的友人，他不是不相信伊斯蘭教，而是沒有任何宗教信仰時，他們更是呆若木雞，不知道如何回應。

還曾有過這樣一件事——我曾受邀到開羅，在國際交流基金會主辦的活動中演講，介紹日本文化。當時聽眾之中有一位埃及人提出了以下的問題。他說自己曾去過日本，發現日本人雖然不信伊斯蘭教，甚至沒有讀過可蘭經，卻有許多品格高尚、感覺言行都遵守可蘭經教誨的人，這是怎麼回事？當然，對方如此稱讚日本人，基於禮貌我不可能反駁，但是心中還是忍不住這樣想——品格高尚的人，不一定都是因為可蘭經的教誨。

讓我們再看看另一個例子。與歐美的友人聊天時，他們常

說日本的治安很好，即使在大都市裡掉了東西或忘了東西，也都能找回來。阪神淡路大地震的時候，既沒有發生暴動，也沒有人搶劫；看到人們安靜地排隊、等待發放救援食物的樣子，令他們很感動。接著他們會問，這樣的行為，是來自什麼宗教的道德觀？如果我沒有細想就回答「佛教」，他們又會繼續問：那麼日本人是每週一次到寺廟，聽和尚講道嗎？大家都是以什麼方式學習佛教的教義？這時候我不得不告訴他們，和尚唸的經文一般人是聽不懂的，而且日本人平常幾乎從來不聽佛教的講道。這樣的回答想必讓他們非常困惑，無法理解。

世界上有許多人相信，人只要活著就需要某種宗教；我們透過經典與儀式等等，學習宗教的教義。以這一點來說，日本人是很特別的。因為不瞭解這種差異，二次大戰結束後有許多前往美國的日本知識分子，在入境表格的「宗教」欄中填寫「無」，因此被認定是共產黨。當時在歐美地區公開表示自己「無宗教」，是一件很嚴重的事。

因此，現在有歐美人問我有關日本人的宗教問題時，我都是這樣回答：日本人的宗教非常融入日常生活中，因此儘管當事人沒有自覺，言行都能遵守宗教的規範。比方本文一開始所說的「不可浪費」；很少有父母在教導小孩「不可浪費」的時候，認為自己是在進行「宗教教育」吧！但是以結果來說，它成了很重要的宗教教育。用餐之前先說「いただきます」（我

要領受了）的習慣，也是如此。雖然不是像一神教那樣，明確地與某位特定的神對話（比方基督教徒的餐前禱告），卻是以模糊的方式，向超越自己之上的事物表達感謝之意。

我認為日本人宗教的核心不是神，而是自然。神是相對於自己的存在，而自然是包含了自己的存在。日本人對自然的變化非常敏感，並且與審美的感覺結合，在日常生活中進行許多呼應四季更迭的儀式與活動。在這樣的經驗中，日本人體會到佛教所說的「無常」，具體感受支持人生的「循環」的意象。這些或許都與輪迴的思想有關。

日本的茶道、花道等等，也是如此。在歐美，喝茶、插花是屬於日常生活的活動，但是日本人將它們與「道」──超越的思想──結合在一起。以這樣的事情為基礎，家庭內的日常生活也在不知不覺中，導向了廣義的宗教。

還有一件事，是一神教的信徒難以理解的。一神教信徒認為道德觀以宗教為基礎，但是他們看不到日本人的道德觀來自何處。如果不是神的教誨，人要怎麼覺得有什麼事是「我該做的」？因此當一神教信徒看到日本人表現出高度的道德觀，忍不住會產生疑問：「他們又沒讀過可蘭經，為什麼會有這樣的行為？」

日本人依據審美觀規範自己的行動，多於道德觀。在做出重大決定的時候，日本人經常說「根據我的審美觀如何

如何」；反對什麼事情的時候，說「我的審美觀不容許這麼做」。而且一般來說，這樣的說法都能獲得他人的理解。報章雜誌上經常可以看到，有名的人公開以「我的審美觀」作為評斷事物的根據，但幾乎從來沒有人說「以神之名」或是「為了體現佛陀的意志」。

為什麼在判斷是非的時候，會以審美觀為基準？或許是因為，日本人的宗教性並非面對偉大的存在──「神」──而產生的，而是面對偉大的和諧而形成的。一神教信徒在唯一真神與自己的關係中思考，但日本人重視的是包含了自己的整體的和諧。這和諧的感覺，表現為審美觀。

日本人的宗教性既不是比較低、也不是比較弱，而是型態非常特殊。日本人在與來自其他文化的人來往的時候，必須對這件事有清楚的認識。

個人與宗教性

除了剛剛所說的日本人的宗教性特殊之外，我們還必須指出另一件事實，那就是今天的日本人正面對重大的危機。因為宗教與日常生活是密切結合的，但近年來日常生活的急劇變化，從根本動搖了日本人的宗教與道德。「不可浪費」的觀念在日常生活中失去意義，這對日本人來說是很嚴重的事。日本

人在歷史中培養出來的審美觀，大多建立在「物資匱乏」的基礎之上，因此過去我們一向尊崇簡樸之美；但如今我們的日常生活距離簡樸非常遙遠。一直以來，為了維持「和諧」，「忍讓」被我們視為美德；但現代孩子的日常生活裡，幾乎沒有任何忍耐。

現在許多日本青少年問題的背後，存在著更根本的問題，那就是長久以來日本人在無意識中所保持的宗教觀與道德觀，正一點一點地瓦解。

注意到這件事的人，要不是單純地主張回到過去，就是感嘆最近的年輕人缺乏道德觀，但問題沒有那麼簡單。在急速吸收歐美文化、獲得物質上的繁榮之後，今後日本人應該抱持什麼樣的宗教觀、道德觀生活下去？這是我們必須認真思考的問題。大部分人的心思完全被經濟發展所佔據，意識到上述問題的人實在太少了。對於思考日本的未來，這是非常重要的事。

儘管如此，這個問題不是國家或政府能解決的。因為真正的問題在於「宗教」，而宗教是極為個人化的範疇。每一位國民都應該擁有宗教自由──包括否定宗教的自由在內──的權利。關於宗教，政府不可以對人民有任何強制或指示，更不應該逼迫我們信仰或拒絕任何特定的宗教。這是理所當然的事。

宗教終究是個人化的事。所謂宗教，說到底就是一個人如何從「與自己的關係」──包括自己的死亡在內──看待世

界。先前我們已經說過，信奉同一個宗教的人，會形成宗教團體。知道有許多人想法和自己一樣，會讓人感到放心，甚至覺得自己的想法是絕對正確的。以這個方式得到的安心感是非常穩固的。但這個現象的反面是，形成團體之後就會產生組織化的問題，「組織的防衛」本身常常成為目的，而開始壓迫以個體的方式存在的個人。宗教原本是個人與超越的存在（譯案：如神、佛、上天、大自然⋯⋯等）之間的關係，然而一旦形成團體，就會混入世俗性的要素（譯案：如權力慾望等）。這是所有宗教團體都會面對的兩難困境，也可以看作是人類存在與生俱來的矛盾。

　　如前所述，宗教在這個時代確實有其必要性。即便如此，我們也不需要立即與特定的宗教或宗派結合。重要的是，如何加深作為個體而存在的、個人的宗教性。為了與既有的宗教區別，讓我們稱它為「宗教性」。就算不信奉特定的宗教，我們也可以思考，自己的存在連結至何處？什麼是支撐我們存在的基礎？這樣的連結與基礎，有何種程度的永續性？

　　話雖如此，個人憑一己之力要從事這樣的思考，是極為困難的事。不過，人類自古以來流傳的神話，可以成為我們的助力。神話可以提供我們深化宗教性的素材與方策。在眾多神話當中，一定有能夠對應於我們個別的狀況而啟發我們的故事。我們可以透過適合自己的神話，加深對生命的知識，累積對生

命的體驗。雖然出發點是自己個人的事,但是在這個過程中,我們會逐漸感覺自己與他人的連結。當然,這裡也會產生集體化的問題。受到同一神話啟發的人,很自然地會想要組成團體;如果我們在毫無警覺的狀況下貿然投入團體之中,先前提到的缺點同樣會發生。

與其說活在現在這個時代的個人,必須找到適合自己的神話,也許「以生命體現神話」這個說法更為恰當。並不是在既有的神話中尋找,而是經由生命的體驗,創造自己的神話。這是一條無限孤獨的道路。但是透過「以生命體現神話」,我們能與其他人產生連結,這也是事實。能與他人連結是一件值得高興的事,然而如果過於大意,個人很容易被集體化的現象吞沒。

當我說我們必須體驗孤獨,並不是主張孤獨是好事。我想說的是,透過孤獨的體驗而與他人產生情誼,是值得珍惜的事。而且,孤獨的體驗能夠防止我們在不自覺的狀態下,走向集體化。

最近我拜訪了美國原住民納瓦荷族(Navajo)的聚落。當地有一位蒙提・懷特先生,是我的舊識。數年前我在普林斯頓大學講授日本神話時,他是那裡的學生,來參加了我的課程。懷特先生是納瓦荷人,大學畢業後回家鄉擔任小學老師。這一次的旅行,剛好讓我得以與老友見面。

蒙提告訴我,即使在今日,神話對納瓦荷人來說仍然非常重要。但是,納瓦荷族的神話並沒有「官方的」、固定的版本。納瓦荷族的神話是在一個、一個的家族中,一代、一代地口耳相傳的。當然,流傳在各家族中的神話大體上有共通之處,但是神話的細節則會配合每個人的人生而有細微的不同,讓每一位納瓦荷人都能在日常生活中,體現神話所傳達的價值。我深深地感覺,作為「納瓦荷族」這個集體的意義,與每一個族人的個別的意義,在良好的平衡下得到兼顧。活在現代的人能夠向古老的智慧學習,讓我非常感動。

　　或許有人會說,在全球化與 IT 革命的浪潮侵襲下,當前日本的經濟狀態正面對重大的危機,我在這時候說這些,都只不過是風涼話。這樣說也沒有錯。不過我認為正是這種時候,我們更應該探索、追尋前面所說的宗教性。否則,有一天我們將見到日本這個國家的分崩瓦解。

原刊登於『アステイオン』(AΣTEION)雜誌第 53 號,2000 年 5 月

参考書目

Bettelheim, Bruno. *Freud and Man's Soul*. New York: Freeman Press, 1983.
Ellenberger, Henri F. *The Discovery of the Unconscious*. New York: Basic Books, 1970.
Freud, Sigmund. *New Introductory Lectures on Psycho-Analysis*, translated and edited by James Strachey. London: Hogarth Press, 1964.
Guggenbuhl-Craig, Adolf. *Power in the Helping Professions*. New York: Spring Publications, 1971.
Hakeda, Yoshito. *The Awakening of Faith, Attributed to Asvaghosha*. New York: Columbia University Press, 1967.
Herrigel, Eugen. *Zen and the Art of Archery*. New York: Pantheon Books, 1953.
Hoffmann, E. T. A. *Der Goldne Topf [The Golden Pot]*. In *Collected Works*, by E. T. A. Hoffmann. Historical-Critical Edition, edited by Carl Georg von Maassen. Vol. 1. Leipzig, Germany: University of Munich, 1912; in German.
Izutsu, Toshihiko. *Cosmos to Anticosmos [Cosmos and Anticosmos]*. Tokyo: Iwanami Shoten, 1989; in Japanese.
———. *Ishiki-no Keijijogaku: Daijo-kishi-ron no Tetsugaku [Metaphysics of Consciousness: Philosophy of Awakening of Faith]*. Tokyo: Chuokoron-shya, 1993; in Japanese.

———. "The Nexus of Ontological Events: A Buddhist View of Reality." *Eranos Yearbook* 49 (1980). Frankfurt am Main, Germany: Insel Verlag, 1981.

———. *Toward a Philosophy of Zen Buddhism*. Tehran: Imperial Iranian Academy of Philosophy, 1977.

Jung, C. G. *The Collected Works of C. G. Jung*, edited by H. Read, M. Fordam, and G. Adler. Princeton, N.J.: Princeton University Press, 1953–79.

———. Foreword to *Introduction to Zen Buddhism*, by Daisetsu T. Suzuki. New York: Doubleday, 1956. Reprinted in *Psychology and Religion: East and West*, 2d ed., and in *Collected Works of C. G. Jung*, ed. H. Read, M. Fordam, and G. Adler.

———. *Memories, Dreams, Reflections*, edited by Aniela Jaffe. London: Collins and Routledge and Kegan Paul, 1963.

Kajiyama, Yuichi. "Bokugyuzu no Chibetto-ban ni tsuite" ["On a Tibetan Version of Oxherding Pictures"]. *Bukkyoshigaku* 7, no. 3; in Japanese.

Kawahara, Shogo. "Nazumi to sono kazoku" ["Nazumi and Her Family"]. In *Futoko [School Refusal]*, edited by Sawako Suga. Kyoto, Japan: Jinbun Shoin, 1984; in Japanese.

Kawai, Hayao. *The Buddhist Priest Myoe: A Life of Dreams*. Venice, Calif.: Lapis Press, 1992.

———. *Dreams, Myths and Fairy Tales in Japan*. Einsiedeln, Switzerland: Daimon, 1995.

———. "Genkei to shiet no Ro-nyaku dan-jo" [Old, Young, Male, and Female as Archetypes"]. In *Ro-nyaku no Jiku, Danjo no Jiku*, edited by Kenzaburo Oe et al. Tokyo: Iwanami Shoten, 1951; in Japanese.

———. *The Japanese Psyche: Major Motifs in the Fairy Tales of Japan*. Dallas: Spring Publications, 1988).
———. "The Transformation of Biblical Myths in Japan." In *Diogenes* 42, no. 165. International Council of Philosophy and Humanistic Studies, 1994.
Konjaku Monogatari [Tales, Ancient and Modern]. Tokyo: Iwanami Shoten, l951; in Japanese.
Kozawa, Heisaku. "Zaiakuishiki no Nishu" ["Two Kinds of Guilty Consciousness"]. *Seishinbunseki-kenkyu*, 1954; in Japanese.
Kumakura, Isao. "Kata no genmitsusei to yuragi" ["Strictness and Swaying of *Kata*"]. In *Kata to Nihonbunka*, edited by Minamoto Ryoen. Tokyo: Sobun Sha, 1992; in Japanese.
LaFleur, William R. *The Karma of Words: Buddhism and the Literary Arts in Medieval Japan*. Berkeley: University of California Press, 1983.
Miyuki, Mokusen. "A Jungian Approach to the Pure Land Practice of Nien-fo." *Journal of Analytical Psychology* 25, no. 3 (1980): 265–74.
Neumann, Erich. *The Origins and History of Consciousness*. New York: Bollingen Foundation and Pantheon Books, 1954.
Okonogi, Keigo. "Der Ajase-Komplex des Japaners" ["The Ajase-Complex of Japanese"]. In *Die Kuele Seele Selbstinterpretationen der japanischen Kultur*, edited by Jens Heise. Frankfurt am Main: Fischer Taschenbuch Verlag, 1990; in German.
———. "Ajase-Kompurekusu kara mita Nipponteki Taishokankei" ["Object Relations of the Japanese, in View of the *Ajase* Complex"]. *Moratorium Ningen no Jidai*. Tokyo: Chuo Koron Sha, 1978; in Japanese.

Savita, Ma Satyam. *Sagashite goran kimino ushi [Search for Your Own Bull]*. Kyoto, Japan: Zen Bunka Kenkyusho, 1987; in Japanese.

Shibayama, Zenkei, and Gyokusei Jikihara. *Zen no Bokugyuzu [Oxherding Pictures of Zen]*. Osaka, Japan: Sogen Sha, 1967; in Japanese.

Spiegelman, J. Marvin, and Mokusen Miyuki. *Buddhism and Jungian Psychology*. Phoenix, Ariz.: Falcon Press, 1985.

Suzuki, Daisetsu T. *The Ten Oxherding Pictures: Manual of Zen Buddhism*. No publisher, no date.

———. *Zen Buddhism*. New York: Doubleday, 1956.

Rosen, H. David. *Transforming Depression: A Jungian Approach Using The Creative Arts*. New York: G. P. Putnam's Sons, 1993.

Tada, Tomio. *Meneki no Imiron [Semantics of Immunology]*. Tokyo: Seido Sha, 1993; in Japanese.

Takakura, Teru. *Indo dowa Shu [Fairy Tales of India]*. Ars Book Co., 1929; in Japanese.

Ueda, Shizuteru. "Ascent and Descent: Zen Buddhism in Comparison with Meister Eckhart." *The Eastern Buddhist* 16 (1983): 52–72.

———. "Emptiness and Fullness: Sunyata in Mahayana Buddhism." In *The Eastern Buddhist* 15 (1982): 9–37.

———. *Zen-Bukkyo [Zen Buddhism]*. Tokyo: Chikuma Shobo, 1973; in Japanese.

Ueda, Shizuteru, and Seizan Yanagita. *Jugyuzu [Ten Oxherding Pictures]*. Tokyo: Chikuma Shobo, 1982; in Japanese.

心靈工坊
PsyGarden
Psychotherapy 077

佛教與心理治療藝術（全新增訂版）
Buddhism and the Art of Psychotherapy
河合隼雄 Hayao Kawai——著　鄭福明、王求是、林暉鈞——譯

出版者—心靈工坊文化事業股份有限公司
發行人—王浩威　總編輯—徐嘉俊
特約編輯—陳斐翡　執行編輯—趙士尊　封面設計—黃怡婷
內頁排版—龍虎電腦排版股份有限公司
通訊地址—10684 台北市大安區信義路四段 53 巷 8 號 2 樓
郵政劃撥—19546215　戶名—心靈工坊文化事業股份有限公司
電話—02）2702-9186　傳真—02）2702-9286
Email—service@psygarden.com.tw　網址—www.psygarden.com.tw

製版・印刷—彩峰造藝股份有限公司
總經銷—大和書報圖書股份有限公司
電話—02）8990-2588　傳真—02）2290-1658
通訊地址—248 新北市新莊區五工五路二號
二版一刷—2024 年 11 月　ISBN—978-986-357-400-2　定價—380 元

【正文】
Buddhism and the Art of Psychotherapy
By Hayao Kawai
Copyright © Texas A&M University Press, College Station, 2008, 1996

【附論】
・ユングか仏教か，フェイ・レクチャー紀行―日本の読者のために
・現代人と宗教―無宗教としての宗教
By Hayao Kawai
From〈心理療法〉コレクションⅤ ユング心理学と仏教
Copyright © Iwanami Shoten, Publishers, Tokyo, 2010

Tihis Complex Chinese Edition Copyright © PsyGarden Publishing Company, 2024
＊繁體中文初版（2004）由中國社會科學出版社獨家授權

版權所有・翻印必究。如有缺頁、破損或裝訂錯誤，請寄回更換。
ALL RIGHTS RESERVED

國家圖書館出版品預行編目資料

佛教與心理治療藝術 / 河合隼雄著；鄭福明，王求是，林暉鈞譯. -- 二版. -- 臺北市：
心靈工坊文化事業股份有限公司, 2024.11
　面；　公分. -- (Psychotherapy；77)
　譯自：Buddhism and the art of psychotherapy
　ISBN 978-986-357-400-2（平裝）

1.CST: 佛教心理學　2.CST: 心理治療

220.14　　　　　　　　　　　　　　　　　　　　　　　　　　113015395